0歳からの母親作戦

子どもの心と能力は0歳で決まる

井深 大

ーク文庫

私が歩んできた幼児教育の道

井深　大

私が幼児教育に携わって、もう二十五年以上がたちました。もちろん、私はいわゆる〝教育〟に関してはまったくの素人ですが、素人だからこそ、専門家が気づきにくいことがかえってよく見える場合もあるのではないか、と私なりに研究を進めてきました。

幼児のもつ無限の可能性に注目し、私なりの幼児教育論をはじめてまとめた『幼稚園では遅すぎる』を出版したのが、昭和四十六年のことです。その後、大脳生理学などの医学の発達にともない、新生児、乳幼児のすばらしい〝能力〟がつぎつぎに確認され、私の幼児教育の考え方もどんどん変わっていきました。極端な話、いまや私は、〝胎教〟こそ幼児教育の中でもっともだいじなものだと考えています。

この間に何冊か本を書きましたが、そのつど、幼児教育の時期や内容についての私の考えが目まぐるしく変わっているように見えるかもしれません。しかし、「子どもの人柄・性格は、育て方しだい」という主張は変わるどころか、ますます強く確信するに至っています。そんな私の気持ちと願いを、この本からお汲み取りいただければ幸いです。

（一九九一年、愛蔵版出版時のまえがきより）

目次

2章 母親だけができる、子どものための環境づくり……87
——子どもの能力を、いかに引き出すか

装幀――川畑博昭
装画――祐泉 隆

まえがきにかえて――三歳からでも遅すぎる

『幼稚園では遅すぎる』は、正しかった

私は、一九七一年に『幼稚園では遅すぎる』という本を世に問いました。人間の人柄とか能力は、生まれつきではなく、三歳ごろまでの育て方しだいで決まってしまうこと、したがってこのころの教育しだいでは、幼児の可能性は無限に近いほど大きいものだということを、さまざまな事例とともに述べたものです。

幸い、各方面からご好評をいただきましたが、私が何よりもうれしかったのは、あの本で私が不十分ながらも一所懸命訴えたことの本質をよくご理解くださり、現実にわが子の育て方のうえに反映されて、さまざまな喜ばしい報告をもたらしてくださったお母さん方が、数多くいたということです。さらには、ご自分の幼年時代や、すでに成人したわが子の幼いころの教育環境に思いをはせられて、私の訴えのまたとない実証例を語ってくださった方も数多くいます。

それらの個々については、この本の中でもおいおいご紹介していきたいと思いますが、

さらに私を喜ばせたのは、これらの反響が、日本国内にとどまらなかったということです。まず、イギリス、ついでアメリカで、“Kindergarten is too late”という『幼稚園では遅すぎる』のタイトルそのままの翻訳が出版され、ついで、イタリア、ドイツ、スペイン等々、教育に関してはかつて日本がお手本にしてきたような先進諸国での翻訳出版が、つぎつぎに実現されつつあります。

そしてこちらのほうは、日本以上に、専門家、学者からのご賛同の声がいくつも寄せられたことに、内心驚きを禁じえないでいます。一九七九年にアメリカで行われた全国科学教師大会で幼児教育に関する講演を依頼されたのも、この本が読まれた結果です。

私が当初、予想だにしなかったこれらの反響は、同時に私の主張を裏づけるさまざまなデータが、つぎつぎに私のもとへ届けられるという形になっても表れました。技術屋であり会社経営者であるほかは、直接的な教育実践の経験がない私にとって、これほど力強い励ましはありません。幼い子どもを育てているお母さん方から、広く外国の専門家にいたるまで、これほどのご賛同と、さまざまな事例のご報告をいただいたことを通じて、私は、私の訴えていたことがまちがっていなかった、主張してよかったと、意を強くせずにはいられませんでした。

幼稚園どころか、三歳でも遅すぎる

もちろん、現在の私の考え方も、『幼稚園では遅すぎる』を書いたときと、基本的には変わっていません。にもかかわらず、私があえて前著から八年目のいま、こうして筆をとっているのは、何よりも、最初の本を読んでくださったお母さん方の八年間の実証があることと、もっともっと訴えたいことが、山のようにたまってきたからです。私の考え方の中でも、ある部分については、主張の内容がさらにエスカレートしたり、力点の置き場所が移動していることもあります。

そうした点を整理して、今度の本で訴えたい最大の点をあげるとすれば、それは第一に、「幼稚園どころか、三歳でも遅すぎる」ということです。

たとえば、私の年来の主張につねに貴重なヒントと材料を与えてくださっているバイオリンの「鈴木メソード」で有名な鈴木鎮一先生は、最初にお会いしたときは、四、五歳ごろがスタートに最適の時期だとおっしゃっていました。私はすでに抱いていた幼児教育に対する考え方から、年齢をもっと下げてみる試みをしていただけないかと申しあげました。先生も、大きくなってから始めた子は覚えるには覚えるけれど、伸びる子と伸びない子の差が出すぎることに気がついておられました。そこでスタートの年齢をどんどん下げたところ、三歳どころか、最近では、二歳でも始められる、しかも結果はスタートが早いほどよいとおっしゃっています。

また、こんな例もあります。三歳から英語を習いはじめたある男の子に、二つ年下の弟がいました。この弟は、兄が自宅で英語のレコードを聞いたり、カードを見たりしているのを、ただそばで見聞きしていただけなのに、三歳になって正式に習いはじめてしばらくすると、すぐ兄に追いつくほどの成長ぶりを示したといいます。それどころか、一歳二カ月の子どもが、だまって兄のレッスンを母の膝《ひざ》の上で眺めていて、七カ月ほどたったある日、突然、ひじょうにいい発音の英語を話すようになったという例もあるくらいです。

人間の赤ちゃんは、サルなどにくらべて十カ月ぐらい早産して生まれてきているといわれます。人類学者にいわせると、これは人間が直立歩行するようになったため、そのぶん、長くおなかの中に子どもを入れておけなくなったからだといいますが、たしかに、ほかの動物は生まれてすぐ、立ち上がったり歩き回ったりします。

とすれば、脳の状態も、ほかの動物ではかなりできあがってから生まれてくるのに、人間の赤ちゃんは、ほぼ白紙状態で生まれてくるといっていいでしょう。まえの本で、「三歳までの育て方がたいせつだ」といった根拠の一つがこれですが、生まれた直後の白紙状態の頭脳を考えれば、むしろ、三歳でももう遅い、始めるのは早ければ早いほどいい、といわなければならないと思うのです。

〝パターン時代〟が人間を決定する

ただ、早ければ早いほどいいとはいっても、四、五歳から始めるのと同じ内容のことを、一歳や二歳の赤ん坊に与えよといっているのではありません。この点に関して、私の考えが、まえよりいっそうはっきりしてきたのは、三、四歳以降の育て方と、0歳から二歳ごろまでの育て方をはっきり区別して考えなければならないということです。

0歳からの第一の時期は、うむをいわせず繰り返して覚えさせる時期であり、三、四歳以上の第二の時期は、興味に訴え、納得させながら教えていく時期だと思うのです。私の考え方からは第一の時期のほうが重要であることはもちろんで、この時期を私はかりに「パターン時代」「パターンエイジ」と呼んでいます。

というのは、この時期は、子どもの頭脳がいろいろなことを受け入れるやり方が、ほかの時期とちょっと違っているからです。たとえば、早い子では三、四カ月、遅い子でも五、六カ月もすると母親の顔と他人の顔を見くらべて泣き出す〝人見知り〟を始めます。これは一見、簡単なことのようですが、もしコンピュータにこれと同じ見分け作業をさせようとすれば、数億円もするようなひじょうに高級な機械を使わないとできない作業なのです。

これほどの作業を、赤ちゃんが瞬時に行えるようになるのは、顔の特徴をあれこれと分析して覚えるのではなく、繰り返して見ているうちに顔全体のイメージをそっくりそのまま〝パターン〟として頭の中に焼きつけてしまっているからです。このようなものごとの把握《はあく》の仕方を、「パターン認識」といいますが、赤ちゃんは、このパターン認識の能力にひじょうにすぐれているのです。私がこの時代を「パターン時代」と呼んで重要視するのは、ここに理由があります。

つまり、私たち日本人が、生まれてこのかた毎日聞き暮らしてきた日本語を、だれもが不自由なく話せるように、0歳のころから繰り返し与えられた刺激に対しては、子どもはこれをパターンとして脳細胞の配線の中に組みこみ、その刺激が、難なく、抵抗なく受け入れられるような頭脳がいつのまにかつくられるのです。「パターン時代」にパターンとして頭に焼きつけられた情報は、理屈で納得したり、丸暗記でつめこんだりしたものではありませんn。私たちが日本語を話すのに、いちいち文法を思い出して話すのではないことからもわかるように、頭の構造自体がそれを受け入れやすいようにできてしまっているのです。その意味では、こうした能力は、むしろ素質とか才能に近いものといえましょう。

素質とか才能といえば、従来は生まれつきのものと考えられる傾向が強かったのですが、こうして、0歳からの「パターン時代」に形づくられるとしたら、この時期の子どもの育て方はいくら重要だといってもいいすぎではないと思うのです。

いままでの育児や幼児教育では〝人間〟は育たない

その意味で、従来考えられていたいわゆる幼児教育や育児というものに、私は強い疑問をもっています。育児といえばごく一部分を除いて、もっぱら生理学的・医学的な赤ちゃんの育て方であり、幼児教育・早期教育というと、この育児段階の終わった三、四歳ごろからの子どもに、ふつうなら学校へはいってから習うようなことを、単に時期的に早く与えさえすればいいとする考え方に支配されていたように見うけられるからです。

育児に関していえば、生理的・肉体的な成長と同時に、精神的な面、知能的な面での成長が見逃せないことには異論がないはずですが、従来の育児では、極端にいえば赤ちゃんにはまだ〝精神〟がない、〝心〟がない、〝知能〟がないとするような考え方の偏りがあったと思うのです。

しかし、生まれてしばらくは、とにかく肉体的成長だけに専念して、頭脳のほうは、すこし知恵がつきはじめてから考えよう、というのでは遅すぎるのです。人間としてもっともたいせつなもの、精神的なものや知能的なものを含めた頭脳の成長を、肉体的な成長と同時に、生まれた直後から考えていただきたいというのが、私の今日到達している主張の結論なのです。

従来の幼児教育というのも、その意味では、この育児の考え方の延長にあるものです。0歳児から二、三歳児という、頭脳の面でひじょうに特殊な時期にある子どもの、その特殊性に注目しないで、それ以後の子どもに、小学校・中学校でやっているようなことを、単純に年齢を下げて与えようというのは、どう見ても乱暴な話です。何よりも従来の幼児教育に私が賛成できないのは、人間をつくるという側面を忘れて、英才教育・天才教育に走りすぎているという点です。

私が主張している0歳からの教育は、それら諸々の不満を埋めようとするもので、それは、けっしてむずかしいことでも大それたことでもないのです。それどころか、この考え方はひじょうに効率的・合理的でもあります。私のような年をとったものにとっては、天文学的な回数の繰り返しをしなければ身につかないものも、0歳からの母親の心がけしだいでは、幼児はなんの苦労もなしに身につけてしまうのです。

パターン時代の教育は、母親にしかできない

子どもの教育は、三歳からでもすでに遅くて、それ以前の「パターン時代」から行われなくてはならないということは、これでよくおわかりのことと思います。残る問題は、ではいったいだれが、何をどのようにして、「パターン時代」の子どもにパターンとして与えていくかということです。ここでは、もっとも基本的な点についてだけ申しあげておきましょう。

まず「だれが」ということですが、これは「パターン時代」の子どもと、パターン認識を利用した教育という点からいって、必然的に母親以外の人間には不可能であることがわかります。つまり0歳から一歳、二歳という時期は、肉体的・生理的な発達からいって、子どもが母親から離れられない時期です。さらに、この時期に可能なパターン認識を利用した教育を考えるとき、その方法として必要不可欠なのは、根気強い「繰り返し」です。いつでも、どこででも、飽きもせず同じことを繰り返して赤ん坊に与えることができるの

は、つねにその子に密着して生活し、深い愛情を注いでいる母親しかいないのです。

というと、何かひじょうにむずかしいことをお母さんに要求しているように聞こえるかもしれません。しかし、実際は逆なのです。「パターン時代」にパターン認識の教育効果を利用して子どもを育てるかぎり、子どもはなんの苦痛も感じません。子どものほうから、同じことを、「もっと」とか「もう一度」と、言葉にならない言葉で要求するのはこの時代です。「パターン時代」の子どもは、繰り返しに飽きないからこそ、あらゆることがパターンとして頭の中に強く焼きつけられるのです。

最後に、「何をどのようにして」という問題ですが、これこそお母さんの考え方しだいです。ただ、一つだけ申しそえたいのは、パターンとして与えるものは、なにも英語とか音楽の天才をつくるためのものばかりではないということです。現在の私はむしろ、人間としてもっとも当たり前の基本的な生活習慣とか、生きていくうえでのルールこそ、幼児に与えるパターンとして尊重していただきたいと思っています。自分だけ偉くなればいいという考え方ではなく、他人のことも考えられる人間に育ってこそ、ほんとうに豊かで充実した人生が送れると思うからです。

最後に、雑誌「幼児開発」の中で、私との対談に快く応じてくださり、この本にもたびたびご紹介させていただいたような貴重な体験や研究をご披露くださった方々、私を啓発してくれた数々の書物の著者、そして、私の主張に深い理解を示してくださり、わが子の成長の記録をお寄せくださった多くのお母さん方に、心から感謝の言葉を申し述べたいと思います。

一九七八年十二月一日

井深　大

1章

母親が変われば、子どもも変わる

——「パターン時代」に、親は何をすべきか

1　いい母親とは、いい子を育てようという強い意志と愛情をもった親

私たちは、ものごとを計る基準の一つとして〝いい〟〝悪い〟というたいへん便利な物差しをもっています。音楽にせよ絵画にせよ、あるいはテレビ番組などをとってみても、会話のはしばしに口をついて出るのが、〝いい〟〝悪い〟という形容詞です。しかし、この判断はきわめて主観的で、ある人にとってはいい音楽でも、ほかの人にとっては悪い音楽であることもけっしてまれではありません。〝いい母親〟〝いい子ども〟という場合でも、その評価は人さまざまで、一つの価値基準はないのでしょうか。

久しぶりに外国から日本に帰ってきた人たちが異口同音《いくどうおん》に口にすることの一つに、日本の子どもの公徳心のなさがあげられます。公徳心などというと、いかにも道学者めいた言葉に聞こえるかもしれませんが、要は、公の場に出たときに他人に迷惑をかけることを、なんとも思っていないということをいいたいようです。よくあげられるのは、電車に乗るときに、列を乱して横から割りこんでいち早く座席を確保したり、隣の席に座っている人の衣服を汚しても平気でいる子どもの姿です。そして非難の鉾先《ほこさき》はきまって、それを許している母親に向けられるのがつねです。

このようなケースでは、ことがしつけの問題だけに、〝いい〟〝悪い〟の評価はそれほど分かれませんが、あらためて〝いい子〟とはどんな子かと聞かれれば、それこそ人それぞれの答えが返ってくることでしょう。〝いい母親〟も同様かもしれませんが、私は、この世の中で万人が万人ともに、〝いい〟〝悪い〟の評価が一致するのが親だと思っています。

〝いい母親〟とは、わが子を〝いい子〟に育てようという強い意志と愛情をもった親のことであるといっても、それほど異論は出ないでしょう。〝いい子〟についてはさまざまな意見の違いがあっても、わが子を自分が考えているいい子に育てようという意欲をもたない母親は、親として失格だといってもけっして過言ではありません。その〝いい子〟は、親が子どもを自由に支配することのできる「三歳までの育て方」によって決まるというのが私の持論です。

アメリカの有名な心理学者であるT・ブルーナー博士は、いい親とは「言葉に先立つコミュニケーションの方法をすみやかに設定し、それによって遊びと対話を促進する人たちである」と定義づけています。これを私流の言葉でいいかえれば、「『パターン時代』に、わが子をいい子に育てようと、意識的に子どもに働きかける親」ということになります。俗に、「親がなくても子は育つ」などといわれますが、〝育つ〟と〝育てる〟には大きな違いがあることはいうまでもありません。いまは、「親がいても子は育つ」などといわれる時代ですが、母親に育てるという強い意志と愛情がなければ、子どもはけっして〝いい子〟には育たないのです。

2　幼稚園までは、母親の人柄や態度が子どもに〝伝染〟しやすい時期

「子どもは、母親の姿を映す鏡である」という言葉があります。子どものしていることを見れば、親の人柄がうかがえるというわけですが、乳幼児期における母親のしつけや教育が子どもに及ぼす影響は、当の母親が考えている以上に大きなものがあります。小児科の先生は、つねに母親と子どもをいっしょに観察しながら処方箋《しょほうせん》を書くといいますが、ベテランの先生は、診察室で待っている大勢の子どもを一目見ただけで、母親がだれかをたちまち見破ってしまうそうです。

このことに関して、長年、神戸で幼児教育に熱心に取り組んでこられた土井芳子《どいよしこ》さんからおもしろいお話をうかがったことがあります。土井さんはご自身でも幼稚園を運営され、これまでに五千人近い卒園児を出していますが、園児を入園させるのに三つの方法をとったことがあるのだそうです。

第一は子どもと母親をいっしょにテストする方法、第二は受付順にする方法、第三は抽選で選ぶ方法です。なぜ、こうした三つの方法をとったかといいますと、第一の方法だと母親のために子どもが落とされたようで、母親の威厳にかかわるという苦情が殺到し、やむをえず第二の方法をとったのだそうです。ところが、今度は徹夜組が続出し、結局は第三の方法をとらざるをえなくなったというわけです。

私の興味をひいたのは、この三つの方法で入園した子どもたちにどんな違いがあったかという点です。土井さんのお話によると、第一の方法で入園してきた子どもがもっとも優秀で、第三の方法で入園してきた子どもには、いわゆる〝できの悪い子〟が多かったそうです。土井さんの幼稚園では、毎年、三百人近い卒園児がいますが、第一の方法で入園してきた子どものうち、四、五十人がのちに一流大学に合格したといいます。卒園児の半分が男の子とすれば、ほぼ三分の一の卒園児が一流大学に合格した計算になりますが、第二、第三の方法では、この比率がぐんと低くなるという傾向がはっきり見られたそうです。

一流大学に合格した子どもが優秀で、ほかの大学に合格した子どもは優秀でないなどという気は私にはありませんが、このデータほどはっきりと、「子どもは母親を映す鏡である」ことを無言のうちに語ってくれるものはないでしょう。子どもを東大に入れたかったら、幼稚園に入れるまえから教育しなければならないなどと誤解されると困りますが、私があえてこの話をご紹介したのは、幼稚園にはいるまでの母親の教育が、大学の入学試験にまで影響していることを一つの事実で示したかったからにほかなりません。「親を見たけりゃ子を見ろ」などといわれますが、母親の人柄や態度が、子どもの将来を握っているとなれば、母親の責任はそれだけ重大です。

3　母親は、子どもが二歳になるまでは育児に専念すべきである

子どもを産んだばかりの最近の若い母親に、なぜ子どもを産んだのかと聞くと、「家庭には子どもが必要だから」だとか、「主人がほしがるから」といった無責任な答えがよく返ってきます。はなはだしきは、「退屈だから」と答え、子どもをあたかも〝大人のオモチャ〟視している母親も見かけます。一方、なぜ子どもを産まないかと聞くと、「仕事に差し支えるから」とか「生活が苦しいから」とか「子どもにかまけると自分がダメになるから」といった自己中心的な答えが返ってきます。

NHKの「女の生きがい」という番組でも、五十人ほどの出席者のうち、育児を生きがいだと答えた人が一人もいなかったといいます。たしかに、仕事をもった女性が結婚した

場合には仕事、育児、家事という三つの大きな仕事をかかえこまなければならないだけに、子どもを産むことを躊躇《ちゅうちょ》する気持ちもわからないではありません。しかし、女性にとって育児よりたいせつな仕事がほかにあるでしょうか。

バイオリン教育で、いわゆる鈴木メソードを開発し、世界的に注目を集めている鈴木鎮一先生は、前著『幼稚園では遅すぎる』でもご紹介したように「ほかのことが忙しくて赤ちゃんの世話ができないとは、何をいわれるのですか、この世界に赤ちゃんを育てることよりだいじな仕事がありますか。もし、それ以上にだいじな仕事があるならどうしてお産みになったのですか。それを五十年でも六十年でもやって、それをすませてから赤ちゃんをお産みなさい」という言葉を口癖にしています。退屈だから子どもを産んだという母親、仕事に差し支えるから子どもを産まないという女性は、この鈴木先生の言葉にどう答えるのでしょうか。仕事、育児、家事という大きな三つの仕事をみごとにやり遂げ、いわゆるキャリア・ウーマンの大先輩ともいえる評論家の秋山ちえ子さんは、育児を生きがいとしない女性を怠け者とさえきめつけています。

秋山さんの〝母親時代〟は、仕事をする場合には、実家の近くにいかに引っ越すかをつねに考え、お母さんにも育児の方針を示して、帰宅するとかならず子どもの様子を確認したそうです。育児が女性にとってむなしい仕事どころか大きな生きがいの一つであり、それだからこそ仕事も家事もりっぱにやり遂げることができたという意味のことをいっています。秋山さんはご自身の体験から、外に出て働きたいという母親に、「いま、あなたは、ものすごくおもしろくてしょうがないときです。心がけしだいで教育者にもなれるし、栄養士にもなれるし、デザイナーにもなれるのです」と、できることなら育児に専念することをすすめています。

私も、子どもの発達過程を考えれば、子どもが二歳になるまでは、母親は育児に専念すべきだと考えています。というのも、「パターン時代」に、子どもにいい刺激を与え、いい教育をしてやれるのは母親以外にはいないからです。

俗に、「出産は女性にとって最大の仕事である」といわれます。しかし私にいわせれば、子どもを産んだあとにこそ、母親にとってはもっと大きな仕事が待っているのです。かりに専門家になるにしても、育児さえしっかりできない人にりっぱな仕事ができるはずはないとも思うのです。

ご承知のように、人間の子どもはほかの動物と違って未成熟の状態で生まれてきます。そのため、生まれたばかりの赤ちゃんは口をきくことができないだけでなく、ほかの動物のようにすぐ歩いたりすることもできません。動物の子どもには産みっぱなしにしても生きていくことができるものもいますが、人間の赤ちゃんは母親の手を借りなくては生きていくことはできません。私が子どもが二歳になるまでは育児に専念すべきだというのも、この未成熟な赤ちゃんが成熟するまで母親がよく育ててこそ、はじめて子どもを産んだということができるからです。

私は女性ではありませんから、〝産みの苦しみ〟はわかりませんが、せっかく苦しんで産んだわが子をりっぱに育てなければ苦しみがいもないというものです。世間では、子どもを産んでしまうと、自分の仕事は終わったといわんばかりに自分の生活を楽しもうとする母親が少なくありません。しかし、育児より楽しいことが母親にあるのでしょうか。

幸いなことに、人間の赤ちゃんは未成熟な状態で生まれてくるからこそ、母親は教育者・栄養士・デザイナーどころか、医者にも宗教家にもなることができるのです。そして、この一人何役もの母親のもとで、赤ちゃんはりっぱに育っていくのです。このたいせつな期間を他人にゆだねるのは、子どもを産みっぱなしにした無責任な母親であり、〝怠け者〟と非難されてもしかたないでしょう。また、生まれたばかりの赤ちゃんは、母親が退屈をまぎらわすために育てるほど簡単な存在ではありません。

二歳までの育て方によって、その子の将来がある程度決まってしまうとなれば、その期間だけでも母親が育児に専念することはけっして無理な注文ではないはずです。

4　子どもの教育は、生まれた〝その瞬間〟から始まっている

むかしは、生まれたばかりの子犬をもらったときは、懐中時計をタオルにくるんで犬小屋に入れて育てたといいます。ちょうど時計のカチカチという音が、母犬の心臓の音に聞こえ、子犬は安心して寝るのだそうです。子犬にかぎらずどんな動物でも、母親の胎内から飛び出たときはひじょうに大きな衝撃を受けていますから、胎内で聞いていた母親の心臓の鼓動が外界でも聞こえれば、さぞ安心することでしょう。もちろん、これは人間の赤ちゃんも例外ではありません。

たとえば、母親の心臓の鼓動と同じピッチの音を赤ちゃんに聞かせておくとおとなしくしているのに、ピッチを速くすると、赤ちゃんの泣く回数がふえるという実験結果も報告されています。こうした結果を踏まえ、胎児が胎内で聞く母親の心音から、だんだん音楽に変えていくレコードが発売されていますが、たいへんおもしろい試みです。また、産院で生まれた赤ちゃんも、部屋の奥より、人の気配や音を感じやすい入口の近くに置いたべ

ッドに寝ていた赤ちゃんのほうが、脳の発達がいいという話も聞いたことがあります。

このような話を聞くにつけ、私は、生まれたばかりの赤ちゃんにとっての数時間、あるいは数日間がきわめて重要な時間だと痛感せざるをえません。ところがこの重要な時間に、周囲は赤ちゃんのために何をしているでしょうか。衛生上の問題とか母体の保護などの問題もあるでしょうが、赤ちゃんはたいてい保育室に入れられ、授乳の時間だけ母と子が対面するというケースがほとんどのようです。しかし、子どもの教育は、生まれたその瞬間から始まっているのです。

教育というと、世のインテリママはすぐ育児書や幼児心理学の本などを引っぱり出して、いかにわが子を優秀児に育てようかと研究を始めるようですが、出産・育児には、もともと動物的な血のつながりが必要なのです。妊娠、出産、育児というものは本来的には動物的側面が強いものであり、白いシーツにくるんで無菌室に入れておくという性質のものではないはずです。この動物的側面を軽視すると、あとになってどんなに努力しても取り返すことのできない〝教育期間〟を逃すことになります。

私はこの本で、母親がもっと育児に責任をもつべきだと強調したいわけですが、その基礎はあくまで母と子の動物的なつながりから出発しているのです。赤ちゃんに人工的につくられた鼓動音を聞かせるよりも、ほんとうの母親の心臓の音を聞かせたほうがはるかにいい結果をもたらすことはいうまでもありません。

私には、〝科学的育児〟に精通した母親に、この点が忘れられているように思えてならないのです。

5　母親の〝胸〟は、生まれたばかりの赤ちゃんにとって最良の教室

最近、若い母親のあいだでは、赤ちゃんを母乳で育てるべきか人工栄養で育てるべきかが大きな関心事になっているといいます。栄養学的に見て、どちらが赤ちゃんのためになるかは門外漢の私にはわかりませんが、自分のバストの美しさを保つために人工栄養にしている母親がいると聞いては、いささか首をかしげざるをえません。

前項でもお話ししたように、赤ちゃんは母親の胸に抱かれ、母親の乳房に吸いつき、母親の心臓の鼓動を聞き、母親の顔をまじまじと見つめながら心身ともに健全に成長していくのです。これがほんとうの母親と赤ちゃんの関係というものです。ミルク用のおしゃぶりと母親の乳房とでは、赤ちゃんの脳の発達に与える影響に大きな違いが生じることは想像にかたくありません。

たとえば、アメリカのある産院で、生まれたばかりの二十四人の赤ちゃんを二つのグループに分け、一方のグループは赤ちゃんだけの部屋に収容し、他方のグループはつねに母親のベッドのそばに寝かせ、お乳がほしいときにはすぐ母親が与えられるように育てたことがあります。そして、二年後、五年後に赤ちゃんの言語能力を調査したところ、後者のほうの赤ちゃんが、前者にくらべて、はるかにすぐれた言語能力を示したといいます。

赤ちゃんが成長し、やがて幼稚園に進むようになってから知的成長をうながそうと思っても、肝心のスタートの時点で、母親が赤ちゃんのためを考えて育てなければ、母親の望む能力はけっして身につかないでしょう。最近では、いわゆる有名幼稚園に入れるための予備校までできているそうですが、小さな子どもにそんな苦労をさせなくとも、母親が赤ちゃんを自分の胸で抱き、自分のお乳を与えて育てれば、それだけの能力はきっと身につくに違いありません。

生まれたばかりの赤ちゃんにとって母親の〝胸〟は、何ものにもかえがたい最良の教室なのです。

栄養学的に見ても、専門家の話によれば、母乳で育てられた赤ちゃんのほうが、粉ミルクなどの人工栄養で育てられた赤ちゃんよりも、病気に対する抵抗力が強いといいます。

とくに伝染病に対する抵抗力は顕著で、人工栄養で育てられた赤ちゃんは風邪をひきやすく、さまざまな病気にかかりやすいことは多くの小児科の先生も話しています。母親が自分の美しさを保とうと努力することに横やりを入れるつもりはありませんが、赤ちゃんは母親のそばで、母親のお乳で育てられてこそ健やかに成長することだけは知っておいてほしいのです。

母親だからこそ、自分の体でつくった栄養を、自分の体から直接赤ちゃんに与えるという、神様から与えられた荘厳《そうごん》な仕事ができるということを、一人でも多くのお母さんに、子どもを育てるうえでしみじみと噛《か》みしめてほしいと思うのです。

6　三歳までは、親が〝押しつける〟時期である

いわゆる教育の専門家に、子どもの教育にとって何がいちばんたいせつかと聞いてみると、おそらくほとんどの人が、子どもの自主性を重んじること、ことの本質をじっくりと理解させ納得させること、と答えるに違いありません。そして、この反対の極にあるのが、押しつけ、つめこみであり、丸暗記であるということになりましょう。とくに戦後の教育では、この、子どもの自主性を尊重する考え方、機械的な記憶や技術でなく、もののこと

わりを理解したうえでの学習ということが、圧倒的な主流を占めてきたようです。

この戦後教育全般にわたっての成果を、ここでうんぬんするつもりはありませんが、少なくとも、三歳までの幼児に関しては、この考え方はまったく逆だと私はいいたいのです。たしかに、子どもに新しい知識を与え吸収させるうえで、単なる押しつけや丸暗記より、その内容を理解させ、本質を把握させるほうが身になることはわかります。しかし、それは子どもがある程度論理的な思考力のできてきた年齢になってはじめて通用するもので、二、三歳の幼児にはとても通用しません。

幼児に、もののことわりを理解させようと、くどくどと説明するほど無駄なことはないでしょう。しかし、だからといって、理解できないものは与える必要がない、まだ早いと考えるのは、それこそ早計だと思うのです。

結論をいえば、三歳ぐらいまでの子どもには、押しつけでも丸暗記でもいいから、どんどんこれだと思うものを与えていくべきだと考えます。この年齢は、理解や納得がなくても、あらゆるものを一まとまりのパターンとして、どんどん吸収していってしまえる時期なのです。

まだ片言の日本語しか話せないような子どもが、自動車の種類を何十種も一目で識別したり、コマーシャルソングをそっくり覚えてしまったり、むずかしい漢字をどんどん覚えたりするのも、なにも形を分析して判断したり、歌や漢字の意味がわかって覚えているわけではないのです。動物的な直感のようなもので、全体を瞬時に把握するパターン認識の力は、大人が遠く及ばないものをもっています。この時期を、私が「パターン時代」と呼ぶのはそのためです。

この時期の幼児の頭脳は、大人の頭のような批判的、分析的な見方がない白紙状態であるだけに、理解とか納得を要しない吸収力をもっているといってもいいでしょう。逆にいえば、この時期に子どもを放置すれば、悪いものも無差別にどんどん吸収して、人間としての下地ができてしまうということです。だからこそ、自主的にことの良否を判別する力のない幼児の頭脳には、親が〝押しつけ〞によってでも、〝押しこみ〞によってでも、正しいと信じるパターンを、むしろ機械的、物理的、生理的に繰り返しインプットしてやるべきだと思うのです。

7 〝育ち〞とは、幼児期に身についた生き方のパターン

三歳ごろまでの「パターン時代」には、むしろ親の〝押しつけ〞が必要だとお話ししま

したが、では、どんな内容の〝押しつけ〟が望ましいのでしょうか。これについては、大きく分けて二つの方向があると思います。一つは、いままでもしばしばお話ししてきた言葉、音楽、文字、図形などといった、いわゆる知的な頭脳活動の素地をつくるパターンの繰り返しで、これについてはすでに前著で詳しくお話ししたとおりです。もう一つの方向とは、人間として生きるうえでの基本的なルールとかマナーを、この時期に子どもの頭にたたきこんでおこうということです。

人間としてのマナーというと、とかくそこには、その人の人生観とか価値観がはいりこみ、普遍的なものがとらえにくいように感じる人がいるかもしれません。親の主観的な人生観を、まだ批判力のない子どもの頭脳に吹きこんでしまっていいのかという疑問もあるでしょう。しかし、私がいいたいのは、人生観だの価値観だのという、そんな高級なものではないのです。

私は、どんなに思想や主張を異にする人々のあいだにも、これだけは人間としての基本的なルールだというものがあると思うのです。たとえば、命を尊ばなければいけない、自分のことばかりでなく他人の立場も考えなくてはいけない、すぐ人に頼らず自分の頭で考えなくてはいけない等々、当たり前といえば当たり前すぎる人間としてのルールがあるはずです。一見バカバカしいほど当たり前の約束ごとですが、考えてみると、一見複雑なこの世の中も、万人がこの約束ごとをほんとうに忠実に果たしていたら、もっと住みやすくなるに違いないのです。そもそも、人間の基本的マナーとは、そういうものではないでしょうか。

私は、「パターン時代」にある幼い子どもに対して親がしてやれる最大のテーマが、じつはここにあると考えます。なぜそうしなくてはならないのか、なぜそのルールが重要なのかなどという説明はいっさい不要です。その子が生まれ落ちたときから、ときには態度で、ときには言葉で、おりにふれ、この人間としての最低のルールを、パターンとしてその子にインプットしていただきたいのです。

その子が大きくなれば、そのしつけの意味も理解できるでしょう。いや、むしろその子がそのルールをすでに血肉化し、当然のこととして自分の中に受け入れていれば、意識したり、疑問を抱くことすらなく、自然にそのルールに従っているかもしれません。これこそ、いうにいわれない〝育ち〟というものです。

幼児期に身についた生き方、考え方のパターンは、まさに一生消えることのない〝育ち〟の違いとして、その子の人生を豊かなものにしてくれるはずです。

8　幼児期を逃すと、本人がいくら苦労しても〝育ち〟の違いが出る

まえの項で、〝育ち〟とは幼児期に身につけた生き方のパターンであるとお話ししました。こういいますと、「そんなことはない。人生の基本的ルールなどというものは、人間の成長の過程でおりにふれて学んでいって、はじめて身につくものだ」という反論が出るかもしれません。じつは、私も最初はそう思っていました。

しかし、生まれたときから聞かされて育った母国語を話す人と、大きくなってからたいへんな努力をしてその言葉を学んだ人とでは、その努力にもかかわらず、やはりどこか違います。これと同じように、人間の基本的なルールに関しても、やはり生まれ落ちてすぐ、もの心がつくまえから繰り返し教えられているものと、大きくなってから苦労して身につけたものとでは、どうしても差が出てしまうのではないかと考えたのです。

こう考えてあらためて世の中を見直してみると、このことを如実に示す例は、いくらでもありそうです。もっとも典型的な例が、現代の日本人が忘れ去って久しい感のある〝信仰心〟の問題でしょう。人間の生きる基本的なルールを考えるうえでは、信仰心のもつ謙虚で敬虔《けいけん》な気持ちや、他人への思いやりといったものが役に立たないはずはないと思うの

です。

この信仰心を、生まれ落ちたときから、毎日の生活の中で繰り返される祈りとか、両親・家庭の生活態度の中から学んで育った人と、大きくなって自分の自我とたいへんな格闘をし、悩みながら身につけた人とでは、同じ信仰心の持ち主でもかなり違うのではないかと考えたのです。そこで、私は、外人などに会うたびに、この疑問を繰り返し投げかけてきました。

そこから得られた結論は、やはり予期したとおりでした。両親がりっぱな信仰心をもち、生まれたときから当たり前のように質のいい宗教的雰囲気の中で育った人は、ふだんの生活の中でほとんど宗教とか信仰などというものをまったく意識しないほど、自然に他人への思いやりとか謙虚な態度がとれるようです。また、こうした幼時から身についた生活態度は、タイタニック号の沈没などという生死の境目や、いざというときの沈着な行動にも現れてきます。

これに対して、成長してから身につけた信仰心には、どうしても観念的なところがぬぐい去れないようです。信仰心にかぎらず、いい意味での〝育ち〟のよさというものもまさにこれと同じで、けっして付け焼き刃で身につくものではないのです。上智大学名誉教授で臨床心理学者の霜山徳爾《しもやまとくじ》さんのお話によれば、幼いときからきちんとした雰囲気の中で育った人にくらべて、のちに苦労して学んだ人は、ひじょうにりっぱな人もいるけれども、どうも人柄に問題のある人もいるという不思議な事実があるといいます。ほんとうに酸《す》いも甘いも嚙み分けた人でありながら、やはりどこか打算に走りやすかったりしてまずいことになることが多いのを見ると、ああ、これだけりっぱな方で、これだけ見識のある人で、これだけ苦労していても、やはりその人自身が気づかないそういう問題がある……と思われたそうです。

誤解のないようにいっておきますが、こうした〝育ち〟のよさというものは、けっして物質的な豊かさの中でだけ得られるものではありません。また、むかしあったような社会の上流とか中流とかいう階層とも関係ありません。よく問題になる両親の職業や社会的地位、人種の違いといったことが、決定的な影響を与えるものでもありません。さらにさきほどの例との関連でいえば、特定の宗教に入信していさえすれば、それで子どもの教育は万全だなどということでもないのです。もしそうだとすれば、ほとんどの家庭が宗教をもっている外国の例では、もっともっとすぐれた人間が輩出し、難問題を戦争などという手段に訴えることなく解決していたでしょう。

いかにりっぱな宗教や文化をもっていても、親が幼い子ども、とくに三歳までの子どもの育て方に十分な配慮を講じなければ、それらも宝のもちぐされになってしまいます。私の前著『幼稚園では遅すぎる』が、欧米各国で翻訳され、むしろ日本国内よりも大きな問題提起として受けとめられたのも、彼らが、いままでのような方法による宗教教育や才能教育のいきづまりを、かなり深刻に問題視していたからかもしれません。

宗教教育とは、まさに人間をつくる教育のはずなのに、それが昨今の欧米社会の荒廃を見てもわかるように、ほとんど無力化しています。その原因をどこに求めるかについては、いろいろな考え方があるでしょうが、私の主張する三歳までの教育に、一つの解決が期待できると見たのかもしれません。

このことは同時に、ことの理非が理解できる年ごろになってからの教育のいきづまりをも暗示しているでしょう。

かりに、そこで人間として生きる基本的ルールの必要をいかに苦労して学んだとしても、いまお話ししたように、幼時からの〝育ち〟として血肉化されたものとは、おのずから差があることを繰り返し訴えたいのです。

9　赤ちゃんは、大人が想像する以上のことを感じとっている

赤ちゃんには、なるべく早い時期から質のいい〝刺激〟を与えたいことをお話ししてきました。では、赤ちゃんは、大人が意図的に与えるもの以外は、頭の中へ取り入れないのでしょうか。もちろん、そんなことはありません。というより、うっかりしていると、取り入れてもらっては困るようなことまで、驚くべき敏感さで感じとっていることが多いのです。

たとえば、前項でもご紹介した臨床心理学者の霜山徳爾さんにうかがった例に、こんなものがあります。ある母親が、上の子が三歳のころ、二番目の子を妊娠中絶しました。もちろん、上の子にそんなことを話してもわからないだろうし、何もわからないようにしていたつもりでした。ところが、それにもかかわらず、その子が、〝死〟という妙な強迫観念にとらわれるようになったというのです。そして、この強迫観念を取り去るのに、たいへん苦労したそうです。

おそらく、口に出していなくても、親の態度のどこかに、小さな生命の芽をつみ取ることの恐れとか不安とかが表れていたに違いありません。あるいは、親同士が、この子のい

るのを無視して、知らず知らずのうちにこのことが原因でとげとげしくなったり、いらついたりしたのかもしれません。いずれにせよ、いつのまにかこの幼い子どもの頭には、葬り去られた子どもの死のイメージがこびりついてしまっていたという、信じられないほどの恐ろしい話です。

私の知っている例でも、生後八カ月のときに、隣家に火事があったことを鮮明に覚えているという人がいます。一歳何カ月のときには、下の子が生まれたことを、その場面とともによく覚えているともいいます。よく、のちになって親が話して聞かせたことが、自分の直接の記憶とまじりあって錯覚されているケースがありますが、この人の場合はそうではないらしいのです。

かつて田中角栄氏が、幼時の記憶として、金ピカの僧衣を着、輿《こし》の上にかつがれた身分の高い坊さんが道を通ったことを、ひじょうに強い印象で覚えていると話していたことがあります。母親に聞くと、それは二歳ごろのことだから覚えているはずはないというのですが、田中氏の記憶は確かなようです。そのイメージが、政治家として権勢をほしいままにした後年の田中氏をつくったといってはいいすぎでしょうか。

こういう例を知るにつけ、赤ちゃんというのは、大人が想像する以上のことを感じとっているることに驚かされます。ここでも、赤ちゃんにはまだ何もわからないと決めてかかる大人のまちがいを指摘しなくてはならないでしょう。

むしろ、お母さんとしては、子どもが無邪気に笑っていても、大人の心理状態や家庭内の問題、家族の行動などを、〝雰囲気〟としてすべて感じとっているというくらいの心構えで接しなくてはいけないと思うのです。

10　三歳までは、どんなに厳しくしつけても悪影響は残らない

デパートのオモチャ売り場に行くと、二、三歳の子どもがオモチャをほしがって駄々《だだ》をこねている光景をよく見かけます。しばらく立ちどまって様子を見ていると、結局は母親のほうが根負けしてしまい、しぶしぶとオモチャを買い与えているケースがほとんどです。私はこんな光景を見るたびに、「ここでお子さんに負けてはだめですよ」と、つい声をかけたくなります。

こういうと、二、三歳の子どもにいい聞かせても理解できるはずがない、理解できるようになったらよくいい聞かせればいいという反論がかならず返ってきます。二、三歳までは甘やかし、自我の芽生える四歳以降に厳しくしつければいいというのが、日本の母親の

考え方のようです。しかし、二、三歳までに厳しくしつけておかないと、あとでどんなに厳しくしつけても、まず効果はないといってよいでしょう。その結果、大学生になっても、あるいは社会人になっても、自分の要求が通らないと〝駄々〟をこねる大人が跡を絶たないのです。

しつけというものは、いってみれば一つの形を身につけさせることですから、「パターン時代」にその形をうえつけてこそ効果があるのです。逆にいえば、道徳的意味とかヒューマニティなどの意味が理解できないからこそ、厳しいしつけが、形として残るのだともいえましょう。ときには、手をあげて体罰を与える場合もあるでしょうが、このときに母親がその勇気をもつかどうかによって、子どもに〝いい形〟が身につくかどうかが決まるといっていいでしょう。

よく、二、三歳のときに厳しいしつけを行うと、悪影響が残るのではないかと心配する母親がいますが、むしろ形ができあがっていないのに、四歳になったからと厳しくすれば、母親に対する不信感がうえつけられ悪影響を及ぼすといえます。

〝幼児教育〟に大きな関心をおもちになっておられる美智子皇后陛下は、皇太子殿下をはじめ三人のお子様たちに、かなり厳しいしつけをしたと聞いています。一歳数カ月のときから皇太子殿下をお育てになった浜尾実元侍従の話によれば、皇太子殿下が〝悪い〟ことをしたときには、手を加えてもいいという約束を、皇后陛下とのあいだに交わしていたそうです。

実際、三歳くらいまでは、浜尾さんは皇太子殿下のお尻をピタピタ叩いたといいます。皇太子殿下がお泣きになっていても、天皇陛下も皇后陛下も、その場ではけっしてなぜかとおうかがいにならず、あとから〝ピタピタ〟の理由をお聞きになるという態度をおとりになったそうです。当の皇太子殿下も成人されてから、そのようなしつけを幼児時代に受けたことを全然覚えておられないということをお話しになっています。日本の母親にぜひ見習ってほしいのは、厳しくしつける時期に厳しくするという皇后陛下の母親としての態度です。

11　毎日叱っていると、子どもは〝叱られ慣れ〟する恐れがある

生まれてから二、三歳までの赤ちゃんは、外から与えられるあらゆる刺激を驚くほど敏感に吸収する能力をもっています。同じ刺激が毎日繰り返し与えられれば、それが頭脳に定着し、一つの「能力」となることは数々の実例が証明しています。

そのもっともよい例が、〝日本語をしゃべる子ども〟です。むかしは日本人の子どもが日本語をしゃべるのは遺伝だと考えられていましたが、じつは生まれたときから、周囲の大人たちのしゃべる日本語の刺激を毎日受けていたからこそ、日本語をしゃべる能力が身についたのです。イヌイットの子どもたちが、極寒の地で元気で生活できるのも、毎日寒さという刺激を受け、生理的に寒さに耐えて生きていく能力を身につけたからにほかなりません。私がこの時期に、赤ちゃんによい刺激を与えることの重要性を強調するのもそのためです。

このことは、逆に「パターン時代」に悪い刺激を繰り返し与えれば、〝悪い能力〟が身についてしまうことを意味しています。たとえば、怒りっぽい母親が、赤ちゃんが泣くたびに怒ったり、叱ったりすれば、その刺激が脳に定着し、叱られても平気な「能力」が身につく恐れがあります。母親が毎日調子はずれの子守歌を聴かせれば、音痴の「能力」が身につくし、父親の悪口ばかり聞かせて育てれば、父親を軽蔑する「能力」が身についてしまいます。

このような育て方をしておきながら、世の母親は、子どもが幼稚園にあがるようになると、きまって、「うちの子はいくら叱っても聞きわけがなくて……」とぐちをこぼすのです。叱られ慣れした子ども、音痴の子ども、父親を軽蔑する子どもは、けっして生まれながらの遺伝ではなく、母親がそのように育てた結果だといっても過言ではありません。スタートの方向がまちがっていれば、目的地に無事到着することは不可能だし、かりに気がついて軌道修正しようと思っても、それは日一日とむずかしくなることを、心に銘記しておいてほしいのです。

「能力は、生命が繰り返しの刺激に対して、善も悪も美も醜も区別なく、その生命体に能力として身につけさせていくもの」というのは、鈴木鎮一先生がいうところの「能力の法則」です。

鈴木先生はこのことを四十年ほどまえに知り、バイオリン教育を通じて子どもによい能力を身につけさせようと、世界的に注目される鈴木メソードの実践に全力を傾けておられます。その鈴木先生は、これを逆説的にこんないい方で表現されています。

「毎日怒ったり叱ったりして育ててゆけば、その刺激の繰り返しから、叱られても堪《た》えていく力、叱られても平気になる能力が、だんだんに育てられ、やがては、強い反抗能力をもつ子どもにりっぱに育ってゆきます。二、三年間、実験として、よろしかったら試みてください」

12 過保護は、子どもを意気地なしにしてしまうだけ

最近の子どもは意気地がないといわれますが、私自身、身をもって体験したことがあります。私の親友の故本田《ほんだ》宗一郎《そういちろう》さんに無理やり引っぱり出され、ボーイスカウト東京連盟長に就任し、その推戴式《すいたいしき》に出席したときのことです。秋晴れに恵まれた日曜日に、東京中から三千五百人の子どもたちが世田谷にある運動場に集合しました。

式が進むうち、一時間もたたないのに、しゃがんで話を聞いていた子どもたちの中から倒れる者が続出し、その数が十一人にも達していたというのです。その後、小学校五年生以下のカブスカウトの子どもたちが参加して〝風船割りゲーム〟が行われました。足に風船をつけ、相手のチームの風船を蹴って割るというゲームですが、並んでワーワーいっているだけで、積極的に相手の陣地にはいり、一つでも多くの風船を割ろうという子どもがほとんどいないのです。これを見ていた本田さんと私は、子どもたちにハッパをかけようとこのゲームに参加し、風船割りに熱中しましたが、子どもたちはそれに刺激を受けるどころか、「いい大人が何をおもしろがっているのか、ケガでもしなければいいのに」といった醒めた顔つきで眺めている始末です。

ふだん厳しい訓練をしているはずの子どもたちでさえこの有様ですから、ほかは推して知るべしでしょう。事実、学校の運動会などでも、五十メートルを全力疾走できない子どもが稀ではないともいいますし、ちょっと転べばすぐ骨折し、救急係の人たちは決まっててんてこ舞いの忙しさになるという話もよく聞きます。鉄棒の逆上がりができない子、跳び箱を跳べない子、木登りのできない子も珍しくなく、先生が手本を示そうとすると、「危ないからやめといたほうがいいよ」と、逆にたしなめられる有様だというのです。

いったい、どうしてこんな意気地なしの子どもたちが育ってしまったのでしょうか。こうした子どもたちが大人になって、社会の荒波を乗り越えていくことができるのでしょうか。意気地とは、人に負けまいという気力のことをいいますが、それにはつねに危険がつきものです。最初から他人と競い合うことを避け、危険が伴うことは親や年長者に依存するという風潮は、子どもたちだけでなく若者にも蔓延《まんえん》しています。その端的な例が就職先の選択です。公務員や大企業に就職し、仕事よりも趣味を生きがいに暮らしたいというのですから、何をかいわんやです。

私は、こうした子どもや若者たちが育った原因の一つは、幼児期における母親の態度にあると思っています。厳しくしつけるべき時期に厳しくせず、しつけは、幼稚園や学校まかせだというのでは、意気地なしに育つのは当然かもしれません。厳しいしつけを抵抗なく受け入れる時期から過保護に育てたのでは、何ごとに対しても〝甘え慣れ〟する頭ができてしまうのは無理もないでしょう。

この〝甘え慣れ〟は、幼稚園や学校にはいると、ますますエスカレートするのが現状のようです。先生にちょっと叱られたからといって親が学校にどなりこむ、体育の時間に子どもがケガをすれば慰謝料を請求するというのでは、子どもに自立心の芽生えようがありません。昨今では先生の側にも大きな問題がありますが、少なくとも子どもに対するしつけ、厳しさや危険に挑戦する気力は、親でなければ育てることはできません。その時期は、三歳までをおいてほかにはないのです。

日本画壇の第一人者である橋本明治《はしもとめいじ》画伯は、幼児期をいわゆる過保護で育てられ、そのためたいへんな意気地なしになってしまったと述懐されています。橋本画伯は、生まれたときからおじいさん、おばあさんに溺愛され、十三歳になるまでおばあさんに添い寝をされるかわいがり方をされたのだそうです。風邪をひいたらたいへんだというので、ちょっと寒さが厳しい日には、おじいさんにいいつけられて、お父さんが学校まで真綿のくるみを持ってきてくれるという過保護ぶりだったそうです。

橋本画伯は、自分の意気地なさに気づき、中学にはいると意識的にそれを直そうと全力を尽くし、ついにそれを克服したといいます。温かいおじいさんたちの愛情に感謝しながらも、過保護を自ら克服した橋本画伯の作品には、温かさと厳しさがみごとに調和した、独特の世界が描かれています。その画風は、幼児期に受けた教育とその後の努力と、けっして無縁ではないでしょう。「過ぎたるは及ばざるがごとし」という諺もあるように、何ごとも〝過ぎる〟のはよくないことですが、幼児期における行きすぎた親の甘さほど、子どもの害になるものはありません。子どもが意気地なしに育てば、親は子どもかわいさに、意気地なしのその子をさらに甘えさせるという悪循環に陥るのが世のつねです。

その結果、いちばん苦労するのは、甘やかされて育てられた当の本人であることはいうまでもありません。だいじな子どもの将来のことを考えればこそ、親の厳しさが求められるのです。

13　幼児期の〝子ども扱い〟は、自立心の芽をつみ取ってしまう

「這《は》えば立て、立てば歩めの親心」とは、子どもの成長を待ちわびる親心をいい表したものですが、この言葉のように子どもに対する教育は、「子どもが一人で歩けるように育て

る」ことが目的だといっていいでしょう。いわば、自立心を育てることが親の重大な責任の一つだというわけですが、この自立心も幼児期にその土台が築かれるのです。

ヨチヨチ歩きができるようになった赤ちゃんに、親はできるだけ長く歩かせようと、一歩ずつ離れながら手を差しのべて待っています。こうして赤ちゃんは、這い、立ち、歩くようになりますが、知的、精神的発達を促進するためにも、同じようなトレーニングが必要とされます。ところが、現代の母親は、まだ何もわからない赤ん坊だからというのでこのトレーニングをおろそかにし、せっかく築かれようとしている自立心の芽をつみ取ってしまっているのです。

前項でお話しした過保護の問題もその一つですが、「赤ちゃんだから……」という言い訳ほど、子どもに自立心をうえつけるうえで妨げになるものはありません。再三再四指摘しているように、自立心も、すべての刺激を柔軟に受けつける「パターン時代」に、一つの形として定着させてしまえば、あとは放っておいても自分の足で一人で歩いていける子どもに育つのです。

その柔軟な土壌が固くなってから、一人歩きのための種をまいてみても、自立心という木はまっすぐに、大きく成長するはずがありません。どうも私の見るところでは、こと知的成長の面では、「歩めば立て、立てば這え」という逆の行き方が親心だと錯覚している親が少なくないようです。その延長が、いわゆる教育ママ、入学式・入社式にまで息子につきそうベッタリママの姿となって現れているようです。

この点を考えると、現代の母親は、「こんにちは赤ちゃん」の歌のように、むしろ子どもを、友だちのように突き放して考え、個として独立した存在であることを、もうすこしよく認識すべきだと思います。

大きな社会問題の一つとなっているものに、〝登校拒否〟があります。その原因にはいろいろあるでしょうが、子どもが学校に行き、一人〝取り残される〟ことを恐れた母親が、ノイローゼになってしまったというケースがあるといいます。子どもが学校に行くことを嫌がるよりも、母親が子どもを手放したがらないところに〝登校拒否〟の原因があったというのですから、驚かざるをえません。〝就職拒否〟〝結婚拒否〟の若者がふえているのも、子離れのできない母親に原因があるのかもしれません。

親と子の甘えた関係を断ち切り、子どもを一人立ちさせるには、どうやら親のほうに自立心が必要のようです。子どもの自立心は、幼児期における親の子離れによってこそ養われるのです。

14 赤ちゃんは、しゃべれなくても大人の会話を理解している

人間とチンパンジーの赤ちゃんをくらべると、生まれたばかりのときはもちろん、三歳近くになってもチンパンジーのほうが知能指数が高いといいます。その後、急激ないきおいで、人間の赤ちゃんはチンパンジーの知能指数を追い抜いていきますが、その最大の鍵になるのが、「会話」です。チンパンジーにも、二十何種類という必要最小限の言葉があることはわかっていますが、人間の場合は、これと比較にならないほどの語数の言葉が、わずかの期間に頭脳を刺激し、蓄積されて知能指数の向上に貢献しているのです。

サルとの比較ではなくても、いわゆる未開民族といわれる原始的な生活をしている民族を調べてみても、やはり文明人にくらべて、会話が極端に少ないそうです。赤ちゃんの頭脳の発達にとって、会話の果たす役割は、はかりしれないものがあるということを再認識させられます。

会話というと、ふつうに思い浮かべられるのは、双方の言葉のキャッチボールです。では、赤ちゃんとの会話とは、片言でも言葉がしゃべれるようになってはじめて可能なのかというと、これがまったく違うのです。むしろ、言葉がしゃべれるようになるまえの親の

語りかけがいかにたいせつであるかは、すでに多くの学者が指摘しています。

このことに関して、私が繰り返し強調したいのは、赤ちゃんは、自分のほうからしゃべることはできなくても、大人の会話をちゃんと聞いていて、しかも相当の部分は彼らなりに理解しているということです。無心にお乳を飲んでいるときや、遊びに夢中になっているときも、けっして耳にフタをしているわけではなく、驚くべき吸収力で、大人の会話を脳のヒダに刻みつけているのです。

スイスの雑誌が、この点に関してじつに適切なアドバイスを掲載していましたので、一部をご紹介してみましょう。▼言葉の意味はまだわかるまいとたかをくくるな。幼児の驚くべき記憶力は、いつかそれを理解するまでしまいこんでいる。▼くだらぬ流行語や下品な表現の乱用は、国語の正しい品格への鈍感さを育てる。▼他人を厳しく批判しないこと。とくに子どもが尊敬すべき人物、たとえば先生をおとしめるのは厳禁。▼近親の悪口をいわぬこと。▼子どものまえで子どもの欠点を人に語らぬこと。▼うそをいわないこと。幼い純な感受性は、偽りを容認できない。▼不安、恐怖を与える話を避けること。

このアドバイスにも表れているように、大人の言葉は、子どもに話しかけるものはもちろん、大人同士の気楽なおしゃべりさえも、子どもに大きな影響を与えるものなのです。

言葉について白紙状態にある赤ん坊のまえでこそ、言葉には十分注意したいものです。

15 ひたむきに生きる親の姿こそ、子どもにとって何よりの教育

何人もの子どもをりっぱな人物に育てあげた親ごさんの話を聞いたり、あるいは現在、各界で一家をなしておられる人たちにご両親のことを聞いたりするとき、意外に多いのは、何も特別な教育はしなかった、受けなかったという話です。むかしといまとでは、生活水準の高さや教育の普及度もまったく違うので、単純には比較できませんが、そうした人たちの大部分が、食べるのに精一杯、働くのに精一杯だったために、おちおち子どもの教育のことなど考えられなかったというのです。しかし、私はこの人たちとじっくり話してみて、いつも痛感するのは、教育をしなかったどころか、教育そのものがそこにあったということです。

たとえば、日本YWCAの会長をなさったこともある関屋綾子《せきやあやこ》さんの父上は、明治時代の政治家、森有礼《もりありのり》の三男で、喘息《ぜんそく》の持病をもちながら、牧師としてハードな仕事に一生を捧げた人でした。そんなお父さんが、子どもに食べさせる食事も、ゆで卵半分ずつというような切りつめた生活でしたが、生活に行きづまった人がお金の無心に来ると、「オイッ」

とお母さんのところへ来て「五十円」といったまま手を出している。お母さんもそれを見て、何もいわないで五十円を渡すという、そんなことの繰り返しだったといいます。五十円といえば、当時としてはたいへんなお金で、おそらく一家の一カ月の生活費以上のものだったでしょう。当然、両親は苦闘をしいられます。まさに、毎日が必死の闘いだったに違いありません。

関屋さんは、そうしたご両親の姿を見て育って、当時はよくわからなかったけれど、のちになって、お父さんやお母さんはよくやったなと、何かたいせつなときにはふっと思い出すのだそうです。それが、教会の仕事などで献身をしいられる毎日の、力強い支えになっているであろうことは、容易に想像がつきます。

これがほんとうの教育でなくて何でしょうか。お金をかけ、専門家の手をわずらわせたりっぱな教育でなくても、こうして両親がひたむきに生きる姿自体が、どんな幼い子どもにもすばらしい影響を与えるのです。関屋さんの例にかぎらず、こうしたみごとな〝教育〟の実例は枚挙にいとまがありません。著名人ばかりでなく、名もない市井《しせい》の親たちの中にも、厳しい時代をひたむきに生きる姿を通じて、子どもたちの心に何ものにもかえがたい貴重な教訓を残した人たちが、いくらでもいるはずです。

もちろん、現代の親ごさんたちの中にも、こうしたりっぱな人たちが大勢いるでしょう。私がいいたいのは、親が楽をすることばかりを考えていたとしたら、それは子どもに対して、けっしてこうした感動的な影響を与えることはできないということです。

16　親の後ろ姿は、子どもに親の〝ほんとうの姿〟を語ってしまう

よく新聞などで報道される非行少年や、世間に迷惑をかけて補導される子どもたちの親ごさんの話を聞いていると、「つね日ごろから、くどいくらいに注意したり、よくいい聞かせていたのですが……」という言葉にちょくちょくお目にかかります。愛児が親と心離れし、手の届かないところへ行ってしまう悲しみは、本人以外、だれにもわからないと思います。おそらく、言葉ではいい尽くせない苦しみの中で、さまざまに子どもの心を引き戻そうと苦闘されたことでしょう。余人の想像できない、重大な事情もあったに違いありません。

けれども、私は親ごさんたちのこの言葉を聞くたびに、お子さんの赤ん坊時代をお子さんとともにどう過ごされたかが気になるのです。もしかしたら、その時代から現在を含めて「子は親の後ろ姿を見て育つ」ということが、いささかでも忘れられていなかっただろ

うかと思うのです。もちろん「くどいくらいに注意」したり、「よくいい聞かせる」ことが必要なときもあるでしょう。しかし、子どもたちは一般に、面と向かっていう親の姿よりも、親の〝後ろ姿〟をよく見ているものなのです。面と向かっていうときの親の姿は、まさに子どもの教育を強く意識した〝教育者〟の姿、〝権力者〟の姿、〝命令者〟の姿であり、〝人間〟の姿ではありません。これに対して〝後ろ姿〟に代表される教育を意識しない自然の姿は、権力者でも命令者でもない一個の人間の姿です。喜びも悲しみも、苦労も楽しみも知っている、まさに人間として〝生きている姿〟です。

つまり、親の〝後ろ姿〟とは、親の生き方すべてを反映した、親の生きている姿そのものなのです。〝後ろ姿〟なら、子どもたちは親に見すえられずに、自由に自分の目で見ることができます。とりつくろったり、居丈高《いたけだか》になったりしない親のありのままの姿を、子どもたちは醒めた目で見ながら大きくなっていくのです。ということは、親の気がつかないところで、子どもはいつ親の姿をじっと凝視しているかわからないということでもあります。

面と向かったときにいくら偉そうにしてみても、〝後ろ姿〟に、いいかげんな生き方をしている親の実像が現れていたのでは、子どもは親を心から尊敬することはできないでしょう。

親がいいかげんな生き方をしていて、子どもにだけりっぱに生きろといっても、それが伝わらないのは当然です。親としては、いつどこで子どもに〝後ろ姿〟を見られても恥ずかしくないように、日ごろの生き方を律していくことが必要でしょう。神仏に心から手を合わせて拝んでいる親の〝後ろ姿〟、夜なべ仕事に精を出す親の〝後ろ姿〟、子どもをかばってまえに立った親の〝後ろ姿〟、これらはいずれも大きく、美しいものとして子どもの心に焼きつくはずです。

17 母親が恐れることは、子どもも恐れる

これは、私の知人から聞いた話ですが、東京近郊のある町に、ちょっとした高所恐怖症の母親がいました。団地の三、四階から下を見ただけで、足もとがモゾモゾして目がクラクラするくらいですから、結婚してもとても高層住宅になど住めず、不便を押して都心から遠い郊外の一戸建て住宅に住んでいました。あいついで三人の女の子が生まれましたが、上の子はまさに母親ゆずりの高所恐怖症で、はしごや木登りなどとてもおぼつきません。これには母親も、いささか責任を感じたようです。というのも、この子とハイキングに行

うのです。

っても、吊橋を渡れずに、二人で橋のロープにつかまったまま立ち往生してしまったとい

こういう性分は遺伝するのかとも思ったのですが、二番目の子には、極力、自分の高所恐怖ぶりを見せず、必死になって高いところへも連れて歩いたといいます。それが効を奏したのか、二番目の子にはまったく高所恐怖の傾向はないというのです。

この結果からすると、最初の子は、まさに母親がこわがるのを見て、自分もこわがるようになったといわざるをえないでしょう。吊橋を渡れずにふるえている母親を見れば、どんな子も、高いところはそんなにもこわいものかと思ったとしても、無理はありません。

母親の食べ物の好き嫌いは、まず確実に子どもに伝わるといいますが、それと同じで、子どもは母親のこわがるものをこわがり、母親の楽しいと感じるものを楽しいと思うのです。

アメリカで、生後四週間の赤ちゃんに水泳を教え、話題を呼んでいるパーキンスさんという人は、赤ちゃんよりも母親の恐怖感を除くことに気を配るといいます。もともと赤ちゃんは水をこわがるような体験をもっていないのに、母親が不安がったりこわがったりすると、それが伝染してこわがるようになってしまうからです。

子どもの可能性をより広く開いてやるために、母親がブレーキになってしまうのでは、

あまりにも残念です。まず、お母さんに勇気をもって、そうした足枷《あしかせ》を打ち砕いていただきたいのです。

18 子育てに対する母親の慣れが、子どもをダメにする

はじめての赤ちゃんならもちろんのこと、何人目の子どもでも、生まれてまもないころは、一日一日が新しいことの連続で、母親の態度にも新鮮さがあふれています。お乳を飲む量の変化、眠る時間の変化、大小便の変化、表情、泣き声の変化など、どれをとってもまさに日一日の成長を物語っています。母親としては、たいへんな張り合いを感じるのは当然です。

ところが、これが三カ月たち半年たち、一年たちという時期になると、当然、生まれた直後ほどの変化は現れなくなります。成長率曲線は、成長するにつれてゆるやかになるのは当たり前です。そのため、ともすると、母親の子どもに対する見方に慣れが生じます。

人間は、ごくわずかな変化に対しては鈍感であり、トータルでかなりの変化があったとしても、それに気づきにくいということが、心理学などでもわかっているそうです。たまにしか来訪しない客のほうが、毎日子どもを見ている親よりも、かえってその子の以前と

の変化がよくわかるという、皮肉な結果になるのです。

筑波大学教授の原野広太郎《はらのこうたろう》氏は、この点についてこう書いておられます。「子どもに対する親の目にこうした慣れが出てくることは、かならずしもよいことではありません。なぜなら、日々成長していく子どもの心身の変化に慣れてしまい、子どもが自ら生み出している創造性の数々を見失ってしまうからです。口から出る言葉にも新鮮さがあるはずです。自然を見て、その巧妙なからくりに感じ入る子どもの姿もあるでしょう。細かな共感性が個々の態度の端々に感じられるでしょう。こうした言葉、感情、態度はいままでの子どもの生活経験になかった新しいできごとです。慣れは、このすばらしい成長の跡を消してしまい、親の目をふさいでしまうものです」。

つまり、原野氏もおっしゃるように、変化がゆるやかになったとはいっても、よく目をこらして見れば、子どもの日常は一刻一刻変化しているのです。注意深く観察していさえすれば、つねに新しい発見が随所にあり、その一つひとつが子どもの成長のしるしなのです。

この変化に母親が適切に対応してやれるかやれないかで、子どものそれ以後の成長は大きく左右されます。子どもが、何か新しいものに興味を示したり、何か新しいことができるようになったとき、母親がそれを認めて感動をしてやらなかったら、子どもとしても張り合いがないに違いありません。子育てに自信がつきはじめ、余裕ができるのはいいのですが、慣れのために無感動になった母親は、確実に子どもの成長にブレーキをかけてしまいます。

こうならないためには、つねに何カ月まえかの子どもの姿に思いをはせ、長い時間の流れの中で現在の子どもの姿を比較してみることもたいせつだと思います。

19 しつけにおける両親の役割分担をはっきりさせたほうがいい

新しい生命の誕生が、父と母の共同作業によって行われるのと同様に、生まれてきた幼《おさな》子《ご》の教育が、父と母の協力によってなされなければならないことは、いうまでもないでしょう。しかし、最近の風潮を見ていますと、この協力ということが、いささかはきちがえられているように思えることがしばしばあるのです。

たしかに、ひところにくらべれば、世の親ごさんたちの幼児教育に対する関心は、明らかに高まっています。父親が、子育ては女の務めとばかり、子どものことは放ったらかしにしてかえりみないということは少なくなりました。そのこと自体はたいへんけっこうなことだと思うのですが、これがまかりまちがうと、父親を単なる母親の交代要員にしてしまいかねない恐れがあると思うのです。

たとえば、若いお母さん方の中には、おしめの取りかえや、哺乳ビンからミルクを飲ませる仕事を、夫と交代でやって、自分はその分、自由な時間を楽しむといった生活を、夫婦が育児において協力しあう民主的家庭の姿だと思っている人はいないでしょうか。たしかに、慣れない新米のお母さんにとって、こうした夫の手助けが必要になる場面がしばしば出てくることは、現実にあるでしょう。しかし、このような母親の役割を父親が肩代わりすることをもって育児の協力というのは、協力のはきちがえではないかと思うのです。

育児における父母の協力は、双方の絶妙のコンビによってはじめて可能になるものだと思います。そして、どんな場合でもそうであるように、絶妙のコンビとは、お互いが独自の役割をもちあってこそ、成り立つものです。母親には母親にしかできない役割があり、これを父親に肩代わりさせようとしても、無理であると同時に無駄なことです。父親には父親にしか果たせない重要な役割があるはずなのに、いつも母親のピンチヒッター役に甘んじていたのでは、それがないがしろにされてしまいます。とくに、幼児の頭脳の配線が急ピッチでなされる三歳ごろまでは、母親はわが子との接触を、ほかのだれにも代替させないくらいの心構えがほしいと思います。

父親は、母親がそうした子育ての重要な使命を心おきなく果たせるよう、つねに背後から、精神的にも物質的にも精一杯のバックアップを心がけるべきだと思うのです。

私はこの十年間、幼児教育に関して各界の一流の方とお話をする機会をもってきましたが、人格的にも、仕事の業績のうえでもりっぱに一家を成しておられる多くの人々の幼年時代に、やはりこの父母の役割のわきまえということが、重要な意味をもっていたことを痛感させられます。

評論家の草柳大蔵《くさやなぎだいぞう》氏が、『オヤジ群像』という本の中でいっておられることの中に、父親は育児に関して「ヘルプはするがコミット（介入）はしない」という言葉がありましたが、世のすぐれた親たちの中には、多かれ少なかれこうした心構えが見られるのです。たとえば、いまでも記憶に新しいのは、兄弟八人全員が、大学教授、大企業社長といった会社の要ともいえるポストで活躍していらっしゃる、株式会社メルシャン相談役の鈴木《すずき》三千《みち》代《よ》さんのご両親のことです。

鈴木さんのお父さんは「味の素」をつくりあげ、昭和電工の社長でもあった大事業家・鈴木忠治《ちゅうじ》氏ですが、実業家の多くの例にもれず、仕事一途で忙しい毎日を送っており、一見、子どもや家庭のことなど眼中にないかに見える父親でした。一方母親はというと、こちらは、まったく子どものためにだけ生きているような、ただひたすらやさしく、つねに微笑をたやさないような人だったといいます。

しかし、ここで感心させられるのは、それだけ多忙の父親だったにもかかわらず、夕食はつとめて子どもたちとともにし、いつ話をするのか、母親から子どもたちのことはきちんと報告を受けていたようです。そして、ふだんは何も口出ししないのに、子どもたちが怠けたり、決まりを破ったりしたときは、ガーンと一発雷が落ちたということです。母親は、ふだんのこまごましたしつけには父親をかかずらわせず、ここぞというときだけ、その役割を父親にまかせたといいます。その絶妙のコンビに育てられたからこそ、後年、子どもたちがみな、ひとかどの人物に成長したのだといっても、けっして過言ではないでしょう。

もちろん、これはなにも目新しい父母のタイプではありません。むしろ、心理学も育児学も知らない古い時代の親たちが、体験の中から本能的に嗅ぎ取っていた子育ての知恵ともいえます。

維新の傑物たちをその門下から多く輩出した吉田松陰《よしだしょういん》も、早くから幼児教育の重要性を指摘し、とくに、「男子女子とも十歳以下は、母の教えをうくることひとしおおおし。ゆえに父はおごそかに母はしたし」と、幼児教育における母親の使命、父親との役割分担のたいせつさを説いています。

育児に父母の協力は当然ですが、その協力の意味を取りちがえぬよう、役割分担を工夫していただきたいと思うのです。

20 権威を失った母親からは、利己的な子どもしか育たない

幼児教育に目ざめた母親の生活が、子ども中心になるのはしかたのないことですが、このとき注意したいのが、あくまでも母親としての〝権威〟を失いたくないということです。子どもをたいせつに思い、とくに幼児期の教育に配慮しようとする母親が、ともすると陥りがちなのが、子どもに対する〝無条件降伏〟なのです。もともとが、自分中心にしかものごとを考えることのできない幼児に対して、母親が子ども中心の態度をとりすぎるところから、昨今よく問題になる利己的な子どもができあがるといっていいと思います。

このことを痛感したのは、日本で幼稚園の園長を十年近く務められたスペインの幼児教育の専門家アントニオ・コボスさんの話を聞いてからでした。コボスさんの話にも出たこ

とですが、最近の日本の若者が、他人のことを考えられないわがままな性格に育つ原因の一つは、何といっても幼児期の母親の態度によるところが大きいようです。

外国人の目から見ると、日本の母親、とくに教育に熱心な母親ほど、なぜか子どもに対して、オドオド気を遣いすぎるのが目につくというのです。たとえば、お母さんが幼稚園に子どもを迎えに来るとき、来客があって何分か遅れたとします。当然、子どもは不安げな顔をして、ときには半ベソをかきながら待っていますが、そんなとき、「ごめんなさい。お母さんが悪かった。ほんとうにすみません」などと、子どもに他人に対するようにあやまったり、長い言い訳をする母親がいます。こういう母親の子どもほど、自分の思いどおりにいかないことは、すべて親のせい、大人のせい、他人のせいにする考え方がしだいに身にしみついてしまうのです。

幼いころから、人間としての基本的なルールを身につけた子どもたちは、その後どんな人生のコースを通るにせよ、責任感の強い、自分の頭でものを考える人間に育っていますが、そんな子どもたちの母親は、ほとんど例外なく子どもにとってのオーソリティ、権威でなくてはいけないということを、よくわきまえていたようです。コボスさんは、「母親は、子どもに対して、もっと威張っているもの。家庭の中で、子どもよりお母さんのほうが偉いのだという雰囲気がつねにただよっている」ことが必要だといいます。ヨーロッパでは、子どもは神の手から親に教育をゆだねられたものという考え方がありますが、それだけ重要な使命をおびた母親は、神様の代理人としての威厳と権威を当然そなえていなくてはなりません。

日本には、こうした宗教的な考え方はありませんが、幼児の教育に関するかぎり、母親に要求されることは〝神の代理人〟に近いものであることに変わりはないでしょう。こう考えれば、子どもに対して堂々と自信をもち、権威を保ち続けることも可能だと思うのです。

21 〝非教育パパ〟のもとでは、子どもの社会性が育たない

幼児の教育に、父と母の協調が必要であること、そして両親の役割分担がなくてはならないことをすでにお話ししましたが、とかく等閑視されがちな父親の役割は、その後の子どもの成長にどんな影響を与えるのでしょうか。

母乳を飲み、おしめを替えてもらって成長するかぎりにおいては、子どもは母親に育てられるものであり、「父親はいなくても、子は育つ」などといわれそうです。たしかに、

肉体的、生理的にはそうだと思います。生物としての人間が、生きていく基本的な力をつける、いわば動物的育児は母親の手でなされるものでしょうし、また母親でなければできないものです。父親の存在がとくに重要になるのは、それ以後のいわば、精神的、社会的教育においてなのです。

事実、おもしろいことに、サルの世界ではボスザルはいても、父親というものがいません。もちろん、メスザルに子どもを産ませるオスザルはいますが、どのオスザルが、生まれた子の父親であるかもはっきりしませんし、かりにわかったとしても、子どもの誕生後、エサを運んだり、守ったりという父親の役をする特定のオスザルはいないのです。

京都大学名誉教授の河合雅雄《かわいまさお》さんによれば、動物の社会に人間のような意味での父親はいず、明らかに人間という特殊な集団が、いい集団生活をするために家族というものをつくり、そのために父親という存在が出てきたのだということです。

動物と人間のもっとも大きな違いの一つは、この父親の存在だといいます。人間であるかぎり、どんな未開な民族にも、なかには現在の私たちのような形での家族のいない民族もあるそうですが、そこにも父親と母親だけは、はっきりと存在するそうです。母親と子どもとの結びつきは、どんな動物でも、だれの目にも明らかな本能的なものとして存在しますが、人間のような父親の存在は、社会的な組織とか制度、つまり何らかの約束ごとのうえに成り立つ結びつきによってはじめて可能になるものなのです。

いいかえれば、父親とは、家庭の中にあって、「社会」を示すもの、母子関係という動物的結びつきにない「制度」や「ルール」を体現するものといっていいでしょう。こう考えてくれば、家庭教育における父親の存在意義も、より明確になってきます。つまり、父親が子どもの教育に意を用いることによって、子どもは知らず知らずのうちに、「父親」のもつ「社会」とか「制度」という人間集団におけるルールを学びとっていくのです。父親が子どもの教育に関心を払わない〝非教育パパ〟に安んずるかぎり、いくら母親が孤軍奮闘しても、子どもの「社会性」を育てるうえでどうしても抜け落ちるものがあることは否定できないでしょう。

22　子どもの〝成功〟に期待をかける教育は成功しない

過熱する一方の進学競争や、塾の隆盛ぶりはとかく批判を浴びていますが、幼児教育もご多分にもれず、あい変わらず英才教育だの進学教育だのの用意周到なスタートくらいにしか考えていない人々が少なくないようです。私が口を酸っぱくしていい続けてきていることは、よい人間、能力をもった人間をつくる基礎の教育であり、けっしていわゆる名門校への進学教育ではないことは明白なのに、なおもこうした批判や議論が絶えないのは、現に幼児教育に熱心になる親心のどこかに、やはり名門校から一流企業へという人生の〝予約切符〟を、子どもに手に入れさせようとする考え方が根強く巣くっているからではないでしょうか。

こんなことをいうと、世の親ごさんたちは、「しかし、そうすることが、子どもの身のためであるかぎり、子どものためを考える親としてはしかたのないことだ」とおっしゃるかもしれません。ここで私がつねに気になるのは、「子どものため」という言葉です。むかし風にいえば、子どもの立身出世を喜ばない親はいないでしょうが、そのためのレールを一所懸命引こうとするのは、はたしてほんとうに「子どものため」だけなのでしょうか。ときによると、この「子どものため」には、複雑な親の期待が織りこめられていて、さながら、果たせなかった親の夢の代理実現の臭いがしなくもないことが、気にかかるのです。

極端にいえば、子どもを成功させて、その恩恵で親が老後を楽に豊かに暮らしたい、そんな気持ちがどこかにうごめいていないかということです。私はここでなにも古くさい道義観や無欲の献身をすすめようというわけではありません。子どもを成功させようという計画の立て方が、親の目論見に反して、かえって成功しにくいということを申しあげたいのです。

子どもを成功させてその恩恵をこうむりたいと考える親の多くは、たいていある種の固定的な「成功」のイメージをもっています。もっとも陳腐なものが、名門校から一流企業への〝予約切符〟ということでしょうが、ほんとうの成功とは、その〝予約切符〟を手に入れることで無条件にわが手にころがりこんでくるほど、たやすいものではないということです。

いいかえれば、ほんとうの成功、ほんとうに親がゆくゆく楽をできる子どもの成長というものは、親のイメージでなく、子ども自身のイメージで勝ち取らせるものだと思うのです。子どもが自発的に、どんな分野であれメキメキと実力をつけていけるような下地をつくってやる、そのことに生きがいを感じるほど、親にとってすばらしい生き方はないのではないでしょうか。子どもがりっぱに育って得られる恩恵とは、その結果として自然にもたらされるものであり、最初から狙ったのでは、かえって子どもの可能性をつみ取ってしまうことにもなりかねないのです。

23　幼児には、教えるよりも禁止することを優先させたほうがいい

前述の京都大学名誉教授・河合雅雄さんから、サルのしつけのしかたについて、おもしろい話をうかがったことがあります。サルの赤ん坊も、生後まもなくは、いわば特権階級で、少々のことでは怒られず、したい放題が許されます。といっても、四、五カ月まではお乳を飲んでいるだけでたいしたことはできないのです。それが五、六カ月になると、だんだん自立して、自分でいろいろなことができるようになっていきます。このころになると、母ザルやボスザルが、ときどき子ザルを折檻《せっかん》します。ケガをしない程度にボーンと投げたり、すごい形相でほえたりして、群れ全体の秩序を守らせようとするわけです。

このしつけのしかたをよく見ますと、すべて禁止行動によっています。手本を示して、こうせよとか、積極的にこれはいいことだという教え方はできないため、子ザルの行動をいつも注意深く見ていて、まずいことがあるとチェックします。危険なものが近くにあるときは、母ザルは子ザルの片足をつかんでいるか、自分の手の届く範囲において、その中で自由に行動させ、成長するに従って、この範囲を広げていくのです。どの母ザルも、この原則をみごとに守って子ザルを一人前にしていくということです。

人間の子どものしつけを、サルと比較するとは不謹慎だといわれるかもしれませんが、私は現在までの乳幼児教育の研究の成果からは、むしろ二、三歳ぐらいまでの子どものしつけは、サルの子どもと同じように考えていいと思うのです。愛育病院名誉院長の内藤寿《ないとうじゅ》七郎《しちろう》先生によると、二歳児は、それまで母親という大きな球の中でしか動けなかった乳児が、自分の足でその球の外にすこしずつはみ出そうとする時期だといいます。そして、母親が「こう」といえば「いや」というように自己主張を始めます。この時期のしつけ方のコツは、子どもが母親という球のまわりを、ある一定の距離以上は離れさせずにクルクル回っているようにすることだそうです。

この母と子の関係は、いまお話ししたサルの母子と、なんとよく似ていることでしょう。べつにサルにお手本を取れというわけではありませんが、この一定の距離を守りながら、幼児に自由にさせるということが、なかなかできないお母さんがいるようなのです。子どもがちょっと一人歩きをしだすと不安になって、またもとの球の中に引き戻そうとしたり、逆にどんどん球の外へ出しすぎて、しつけも何もない子どもにしてしまったりしがちなのです。

自分の意思が芽生えた子どもに対しては、サルのように一応意思どおりにさせ、いけないことだけをぴしっと押さえることがたいせつではないでしょうか。こうしろああしろと指図しても、まだ理解はできないのですから、教えるよりは、禁止によって土台がつくられるはずです。

24　母親の役割は、無限の刺激の中からよいものを選択すること

幼児の頭脳に、なるべく早い時期から、なるべく広い可能性をもったさまざまな刺激を与えていこうという私の考え方は、近年、かなり広く認めていただけるようになってきましたが、まだ、早期ということと、多くの刺激ということに関しては、強硬な反論を唱える人もいらっしゃるようです。たとえば、幼児に二カ国語、三カ国語を習わせると、頭に混乱が起こるなどという論は、その最たるものでしょう。刺激過剰になって、いいことは一つもないなどとおっしゃる方もいるようです。

この点に関しては、私も多くの脳生理学者や心理学者に意見を求め、参考にできるデータをいただくようお願いしていますが、この反論を実証するようなケースには、まだ一例もお目にかかっていません。それどころか、逆のケース、つまり早くから適当な刺激を与えられて自分の才能を見出したり、生き生きとした主体性をもつようになった子どもたち

は数えきれないほどいるのです。幼いときから、英語を習っている子どもは大勢いますが、刺激過剰で頭が混乱して、日本語がダメになったなどという話は聞いたことがありません。

先日も、脳生理学の権威でいらっしゃる法政大学教授（当時）の千葉《ちば》康則《やすのり》さんとお話ししたときに、この話題が出ました。脳生理学の立場から見ると、刺激が多いか少ないかということよりも、人間というものはつねに外界からの無限の刺激を受けている存在で、幼児とてもそれは同じことだというのです。

つまり、与えようが与えまいが、子どもは自分の周囲からつねに無限の刺激を受けているのです。その刺激が、もし過剰であれば受け入れないでしょうし、過剰でなければどんどん受け入れられていくでしょう。むしろ問題は、その刺激を自然のままに放置するか、選択して与えてやるかということではないでしょうか。早い話が、テレビをつけっ放しにすれば、どんな番組でも幼児は吸収していくでしょう。ここで、テレビの番組を選んだり、テレビ以外のもっと良質の刺激を与えるかの違いであって、刺激の多さ、少なさという問題ではないと思うのです。

もし、刺激過剰という弊害があるなら、すでに現代文明の真っただ中に置かれたその瞬間から、幼児は刺激過剰に陥っているはずです。もちろん、肉体への生理的・物理的刺激を際限なく繰り返すようなことは言語道断です。ここで問題にしているのは、あくまでも頭脳への刺激ですが、そこには当然、幼児の側での選択的受け入れもありえます。嫌なものは、いくら与えても受け入れないでしょう。母親としては、その選択の対象になりうる良質の刺激を、できるだけえりすぐって与えてやりたいということなのです。

25　幼児教育に教科書はない

私が幼児教育の話をすると、きまって返ってくる質問があります。「具体的には、いつ何を聞かせ、何を与えたらいいか、カリキュラムのようなものを示してくれ」というものです。

たしかに、私の主宰する幼児開発協会では、いくつかの幼児教育の教室をもち、それぞれの担当の先生方が組んだある種の計画に従って、子どもたちに接しています。また、雑誌「幼児開発」や、前著『幼稚園では遅すぎる』の中でも、さまざまな幼児教育の方法の可能性や考え方について、いろいろとお話はしています。しかし、そのいずれもが、この質問に十分に答えられるものではありません。答えていないからこそ、このような質問も出てくるのでしょうが、もし、この質問者が満足するような答えを出したとしたら、私がつねづねいっていることも、この本で書こうとしていることも、すべてご破算にしなくてはならないでしょう。

というのは、幼児にはこれこれのものを、いつ与えるべきであるという考え方こそ、私の主張にもっとも反するものであり、いままで懸命に打ち消し、新しい幼児教育観を打ち立てようとしてきた、当面の敵だからです。幼児だから童話を聞かせ、画数が少ないから仮名から習わせるといった考え方が、いかに先入観にとらわれたものであるかは、『幼稚園では遅すぎる』で繰り返しお話ししました。にもかかわらず、依然として、幼児教育に〝教科書〟を求めようとする冒頭のような質問が絶えないのは、やはり、幼児教育というものを、学校教育の形で考え、一定の教科書、一定のカリキュラムに頼ろうとする考え方が根強いからでしょう。

学校教育では、たしかに、教えることの内容を盛った教材などの必要を認めざるをえないかもしれませんが、私のいう幼児教育は、幼児の頭に知識をつめこもうとするものではありません。ときには、童謡にとらわれない本物の音楽を聴かせ、ときには既成の難易度の観念にとらわれない文字や語学の訓練を経験させるといった方法で、子どもの頭脳を、より大きな可能性へと向かって刺激し、脳細胞の配線の中に、後年、なるべく多くの可能性を受容できるような下地をつくっておいてやろうとすることにほかならないからです。

そのためには、むしろ教科書は有害な存在です。第一に、画一化した基準をもうけることで、どこにどんな形であるかもしれないおもしろい刺激を制約してしまうから。第二に、そうした独自の子どもへの刺激の選択は、母親にしかできないものなのに、教科書があると人まかせになってしまうからです。幼児教育では、お母さん、あなた自身こそ〝教科書〟なのですよ、と私はいいたいのです。世にさまざまな親がいれば、その親の数だけ〝教科書〟があり、それだけ多様な人間が育ってくる、これほど人類にとっても個人にとっても幸せなことはないはずです。

神よ神　この日ばかりは　ただなれに　頼む外なし　吾児は病す
――石川啄木

はるのあめ　三日降るほどに　木草咲く　ひと日見し子に　我が心咲く
――与謝野鉄幹

うまいより　醒めて話を　しはじめたる　わが子等見つつ　心ゆらぐも
――斎藤茂吉

若たけの　伸びゆくごとく　子ども等よ　真直ぐにのばせ　身をたましひを
――若山牧水

明日を思ひ　明日の今おもひ　宿の戸に　倚る子やよわき　梅暮れそめぬ
――与謝野晶子

朝倉や　木のまろ殿に　わがをれば　名のりをしつつ　行くは誰が子ぞ
――天智天皇

目をつぶり　手力つよく　かき抱き　心弛みて　あらぬ子を思ふ
――石川啄木

2章

母親だけができる、子どものための環境づくり

——子どもの能力を、いかに引き出すか

26 最初の子をきちんとしつけることが、下の子にとっての〝いい環境〟

私の主宰する幼児開発協会では、かつて、妊娠八ヵ月の母親一千人の中から十五人を選び、〝母親研究員〟になってもらいました。子どもの育て方に関する私の考え方に、もし賛同していただけるなら、お母さんたちなりの工夫とやり方によって、この考え方を日常の子育てに活かしてみていただきたかったからです。その後、このお母さん方からは、喜ばしい報告がつぎつぎともたらされ、この本で私がお話ししているさまざまなことの裏付けにもなっています。

こうした報告の中には、すでに子育ての実践からは遠く隔たってしまっている私などには、思いもよらない新しい発見が満ちていて感心させられますが、先日も、数人の母親研究員と話していて、目を見開かされる思いをしたことが一つあります。それは、幼児期における兄弟の役割の重要さということで、とくにいちばん上の子の育て方が、よくも悪くも、下の子にとってはある意味で親よりも大きな影響を与えるという点でした。

ある母親は、ご自分の長女を、生まれてこのかた精一杯きちんとしつけることに心をくだいてきたところ、あとの子のしつけが驚くほど楽になったといいます。姉妹がいつもいっしょに遊んでいて、外から帰ると「はい、手を洗って、いっしょに洗うわよ。順番！」などと下の子の世話をやき、ちゃんとおすわりしておやつを食べ、「またお外へ行こうか」などとリードしているそうです。また、あるお母さんは下の子にはあれをせよこれをせよといわなくても、上の子にぴったりとついて何かとやりたがるため、手がかからないうえに、音楽でも何でも、上の子のとき以上のスピードで吸収しているようだといいます。

そこに集まったお母さん方が、みな異口同音に、兄弟の影響力の大きいこと、上の子をきちんとしつけておくと、下の子にはたいして手をかけなくとも自然にいいしつけができるということを強調していたのです。

この点に関して、従来の子育てはどうだったでしょうか。「惣領《そうりょう》の甚六《じんろく》」などという言葉があるように、最初の子どもは、親も、おじいさんおばあさんも、かわいさばかりが先に立って、とかく甘やかしすぎる傾向はなかったでしょうか。そして、上の子が長ずるにおよんで甘やかしすぎの失敗に気づき、下の子には厳しく当たるというパターンになることが多かったようです。しかも、こうすればせめて下の子だけはきちんとしつけられそうなものですが、それが意外にうまくいかないのです。下の子も、上の子が甘やかされるのを見ていますから、子どもなりに不公平を感じ、ひがんだり、ひねくれたりしてしまいがちなのです。下の子が上の子のわがままをチェックするのはむずかしいことですが、上の子が下の子を監督、指導することは、ごく自然の順番であり、上の子の張り合いにもなるでしょう。

　母親研究員たちのこうした報告を聞いて思い出したのは、かつて私が編者になってまとめた『この母に学ぶ』という本に収められている元最高裁長官の横田《よこた》正俊《まさとし》さんの文章です。横田さんは、この文章の中で、伯母であり、わが国の最初の官営製糸工場の記録『富岡日記』の著者でもある和田英子《わだえいこ》がものした「我が母の躾《しつけ》」を紹介していますが、その中に、「第十三　惣領の育て方が大切だ」という一節があるのです。

「とかく世間には惣領は我ままでいけないが、二番目はよいなどと申す人が沢山有るが、誰の科《とが》であろう。それはとりも直さず両親の罪と申さねばならぬ。……何程珍しい可愛い惣領でも行末のことを思い、何事も気を付けて正しく育てれば、其の次からは上を見真似にするから親は少しも骨が折れぬ。子供は諸《もろ》育ちと申すが、能《よ》く申した物だ。男子の惣領さえ十分仕付けて置けば、後は実に世話がやけぬ」と、まさに私たちの母親研究員が体験から学んだことと寸分たがわぬ教訓を残しています。この時代には、家とか家長とかの思想があったためか、とくに長男の存在が重視されていますが、もちろん長女であっても、このしつけの要《かなめ》になることはいうまでもありません。

いつぞや出勤途上のラジオで、国学院大学名誉教授の樋口清之《ひぐちきよゆき》先生が、徳川家康の教育について話しておられるのを聞いたことがありますが、家康は長男のしつけがとかく甘くなることをよく承知しており、跡継ぎには、最初から次男をあてることにしていたといいます。これなども、最初の子の育て方がいかにむずかしいかを物語る一つのエピソードといえるでしょう。

もちろん、このような長男、長女のしつけによってあとの子に手が**かからない**面だけを強調するのは、あまりにも功利的すぎます。それより、最初の子から甘やかさずにきちんとしつけ、質のよい刺激を与えておけば、親にはできないような子ども同士の影響の与え合いによって、親のその努力が、何倍にも増幅されて子どもたちに伝わっていくことを、私は強調したいのです。その意味で、兄弟は親より偉大な〝教師〟なのです。

27　兄が幼稚園に通っていたら、弟もできるだけ連れていく

親が関心を抱いていることに子どももまた関心を抱くものであることは、前著以来繰り返しお話ししてきましたが、兄や姉が下の子に与える影響ということを考えるとき、兄や

姉の世界にあるものは、親の世界にあるものよりはるかに子どもの興味や関心に訴えるであろうことは、容易に想像できます。上の子が四歳でモデルカーに凝っているとすると、二歳の下の子までもモデルカーに強い関心を抱きはじめるといったことは、けっして珍しいことではありません。こうしたことから考えると、年齢にこだわらずに、どんどん兄の世界、姉の世界に子どもを入れていく機会をつくることが、その子にとってたいへんいい頭脳の刺激になるはずです。

現に鈴木鎮一先生のバイオリン教室では、上の子の練習のために付き添ってきていた母親が、家に置いてこられないため、しかたなく下の子を連れてきたところ、その子が上の子よりずっと早くバイオリンに興味を示しはじめるというケースが、すでに常識にすらなっているといいます。まさに、「門前の小僧、習わぬ経を読む」ならぬ「バイオリンを弾く」です。この教室で、ひじょうに優秀な生徒になるのは、たいてい二番目か三番目くらいの弟や妹だそうですが、これもまさに、この〝門前の小僧〟効果ということができるでしょう。

この効果は、なにもバイオリン教室のような特殊な場所でなくとも期待できます。私たちの教室でもすでに実践していますが、まえにもご紹介した神戸の幼稚園園長・土井芳子さんも、参観などで母親が幼稚園に来るときは、せいぜい弟や妹を連れてくるようにとすすめているそうです。土井さんも、最初のころは、参観日に小さな子どもを連れてこられると、やかましかったり、何かと気を遣わなくてはならないことをわずらわしく思っておられたといいます。「連れてくるな」とはいわないまでも、あまり歓迎はしていなかったそうです。

ところが、二十年ほどまえ、文部省の視察でヨーロッパへ行かれたとき、日曜ごとに教会へ行ってみると、小さな子が兄や姉といっしょに両親に連れられてきており、大人のあいだにじっと座って絵本を見たり、積み木をしたりしていました。これを見て、「ああ、これだわ、こうしなくちゃいけないんだわ」と、土井さんは思ったというのです。それ以来、参観日にかぎらず機会あるごとに、「できるだけ弟さん、妹さんを連れていらっしゃい。そしてそばに置いて静かにする訓練をしようではありませんか。けっしてお菓子なんか持ってこないで、絵本とか、絵を描くものとか、静かに遊べるものを持っていらっしゃい」といっているそうです。

小さな子を別室に分けないで、同じ部屋で兄や姉のそばに座らせてしつけるというこの方法は、いまでは確実にその効果をあげています。

28　幼児同士の遊びは、母親にはできない心の成長をうながしてくれる

先日、私どもの幼児開発協会の教室へ子どもを入れたあるお母さんが、入会の動機をつぎのように語っていました。幼いうちから、子どもの可能性を伸ばすためにできるだけのことをしてやりたいという気持ちはもちろんですが、じつはそれ以前に子どものお友だちがほしくて――というのが、正直なところ、ここへ来た最大の理由だというのです。

この子の家は、最近、父親の仕事の関係で、東京都内のあるマンションへ引っ越してきました。閑静で生活の便も悪くない、いいマンションなのですが、気がついてみると、近くに小さい子どものいる家が一軒もないというのです。たまに公園まで子どもを抱いて行ってみても、遊んでいるのは小学生のお兄さん、お姉さんばかりという感じで、二歳になったばかりのその子と同年輩の子どもの姿が見あたりません。そのため、毎日、母親にべったりくっついて過ごすようになってしまいます。これではいけないのではないかと思っても、まだ幼稚園にはいれないというわけで、そう遠くない私たちの教室を訪れたというわけです。

私は、この話を聞いて、よくそこまでお考えになったと、このお母さんを精一杯励まし

てあげずにはいられませんでした。核家族化が、いろいろと問題視されるようになって久しい昨今ですが、おじいさん、おばあさんから父母、子どもといった縦の人間関係が失われると同時に、もう一つの問題は、たしかにこの例に見られるような赤ちゃん同士、子ども同士という横の触れ合いが減るところにあります。親、兄弟が近くに住む田舎の家などでは、兄弟の子、親戚の赤ちゃんなどが、毎日のように行き来して、騒々しいくらいの交流があります。これに対して、新興住宅地やマンションなどでは、地域社会からの遊離ということもあって、幼稚園や小学校の年齢になるまでは、どうしても同世代間の触れ合いが乏しくなってしまうのです。

ところが人間は、ほかの動物でもそのようですが、幼児時代に同世代の他人と接することによって、自分以外のものの存在を意識するようになり、自分の存在の主張と同時に、他人の存在を認めて受け入れるという、社会生活をしていくうえでひじょうにたいせつな考え方を身につけていきます。これが、母親との関係だけですと、保護される側、する側の立場がはっきりしすぎていて、対等に渡り合うことができません。河合雅雄さんのお話によれば、サルなどでも、子ザルのグループができてはじめて一種の反抗期にはいり、親からの自立心が芽生えるといいます。母親だけに育てられたグループと、子どもの集団での生活を体験させたグループを比較する実験をすると、明らかに子ども同士で育ったほうがノーマルなのです。

こうした意味からも、赤ん坊には、できるだけ同年輩の赤ん坊との接触をもたせたいのです。

29 夫婦ゲンカは、子どもの生理にも悪影響を与える

よく家庭内のいざこざをおさめるために、こんな会話がかわされることがあります。

「子どもがまだ小さいからいいようなものの、もの心ついたり、年ごろになったらどうするのか。夫婦ゲンカも、やるならいまのうちで、子どもが大きくなるころにはたいていにしなさい」

さしずめ、若い夫婦をいさめる長屋の隠居さんの言葉というところでしょうが、私にいわせれば、これは、知恵者のご隠居さんにしては少々配慮を欠いた言葉といわざるをえません。ほんとうに子どものことを考えるのなら、「子どもがまだ小さいからいい」のではなく、「子どもがまだ小さいからこそいけないのだ」といいたいのです。

子どもが三歳ころまでの家庭環境が、その子の将来にとってかなり決定的な意味をもつ

ことはすでに繰り返しお話ししてきましたが、これは、大人のあいだの問題、夫婦間の問題でも例外ではありません。夫婦間の複雑なトラブルなど、まだ言葉もろくにしゃべれない子どもにわかるはずがないというのが、大人の犯しやすい大きな誤りなのです。とくに、夫婦間の不和というのは、まさに子どもをあいだにはさんで、その頭越しにののしりあいが続いたり、険悪な空気が流れたりしがちで、子どもを直接支えている二本の柱がつねにぐらついているようなものです。子どもは、言葉がわからなくても、この雰囲気からたいへんな苦痛や不安を感じているのです。

小児科学の大家である緒方富雄《おがたとみお》先生にうかがった話だと、夫婦ゲンカなどをのべつまくなしにやっているような家庭に、ひどい吃音《きつおん》の子や、夜尿症の子などが育つ確率が高いといいます。とくに、子どもが一歳から二歳になって話しはじめるころは、まだボキャブラリー（語彙）が少ないためにだれでも少々はどもるものですが、この時期に家庭不和などが起こると、そのどもりがおさまらないで、どんどん進んでしまうというのです。旭川大学の調査でも、幼児の胃の疾患の大部分が夫婦不和の家庭、会話の少ない家庭に起こっているというデータがあります。

子どもの心に投げかけられた暗い影は、外からのぞいて見ることはできません。けれども、その心の傷が、ひいてはこうした生理的な障害となって現れ、親たちに無言の抗議をすることになるのです。親たちが不和で苦しむのは、自分たちに責任があるのですから自業自得です。しかし、そのためにもっとも大きな被害をこうむるのは、じつは当人同士ではなく何の罪もない子どもであること、夫婦間の愛情、いたわりあいが子どもにとってひじょうに大きな意味をもつことを肝に銘じていただきたいのです。その意味で、夫婦ゲンカは、子どもが小さいうちにやっておけとはとんでもないことで、もしこのいい方を借りるとすれば、やるなら子どもが生まれるまえに存分にやって、すべてを解決しておいてもらいたいものです。

30　テープレコーダーの母親の声でも、親子のスキンシップは深まる

三歳ぐらいまでの子どもには、とくに親子のスキンシップが必要なことは、よくおわかりのことと思います。母親が、できるかぎり時間をさいて、話しかけたり、抱いたり、子守歌を歌ったり、頬ずりしてやったりすることが、赤ちゃんにとって不可欠の条件であることは、すでに小児科学的にも広く認められていることです。前著でもお話ししたように、その意味からは、抱き癖がつくことなどを恐れる必要はないのです。

しかし、なかには忙しい仕事をかかえたり、不慮の事故や病気といったさまざまな事情から、子どもがもっとも母親を必要とする時期に、なかなか子どものそばにいてあげられないという悩みをもつお母さんもいるでしょう。こうした方々にとっては、抱き癖がつくなどという心配は、ぜいたくな悩みとしか思えないに違いありません。

忙しく立ち働く商店の奥さんが、ちょっとした通りすがりにも、わが子に向かって声をかけたり、頰にさわってやったりしているのを見かけることがありますが、こうしたわずかの配慮だけでも、子どもの心には大きな安心感が与えられるのです。このように忙しい仕事をもったお母さんの例で思い出されるのは、前述の関屋綾子さんの話です。関屋さんは、二人目のお子さんを産んだあとも、ご自宅で人々を集めて教室を開いておられました。教えているあいだ、お子さんは放っておかれますから淋しくなって教室へ出てきます。そこで関屋さんは、テープレコーダーにご自分の声でお話を吹きこみ、教えているあいだは子どものいる部屋でかけておくことにしました。するとお子さんは、お母さんがいてお話をしてくれているように感じたのか、安心して一人で部屋にいたといいます。

美智子皇后陛下が、まだ皇太子殿下の小さかったころ、海外へ出られるときに、やはり録音テープにご自分でお伽話《とぎばなし》を吹きこんでいかれたのは有名な話です。それまで毎日読んであげていたお伽話が、旅行のためとぎれるので、その日数分を一日ごとに区切って吹きこまれたということです。いかにも聡明な皇后陛下らしい配慮だと感心しました。お話の内容だけをとってみれば、市販のレコードやテープにも、たくさん利用できるものがありますが、母親自身の声で吹きこむところに、市販のものからは得られない価値があります。子どもは、お話の内容と同時に、お母さんの愛情を聞きとっているのです。

このように、いかに忙しい身、事情のある体でも、工夫しだいで親子のスキンシップを深める手はいくらでもあると思うのです。スキンシップとは、英語の辞書に出ていない和製英語のようですが、この言葉のもつニュアンスは、むしろ輸出してもいいくらいだいじなものだと思います。

31　子どもに課した生活ルールには、例外をつくらない

私は、三歳ぐらいまでの子どものしつけにとってもっとも重要なのは、親の一貫した姿勢だと思っています。幼い子どもへのしつけは、とかくかわいそうだ、厳しすぎるといった親の感情が先立って、〝まあまあ主義〟になりがちですが、「小さい子だから」という親心が、かえって逆効果になることを、ここでは指摘しておきたいのです。

理屈も何もわからない幼い子には、むしろ形のうえできちんとしたしつけを繰り返すことが必要なことをまえにもお話ししました。幼い子は、なぜそうしなくてはいけないのかもわからないまま、ただひたすらそうするものだという雰囲気の中で、人間としての基本的ルールを肌で覚えていきます。それだけに、余計な親心を出してルールに例外をつくったりすると、子どもの受けとめ方に混乱が生じるのです。

なぜ、この場合に例外を認めるのかという理由を説明してわかる年代の子どもならともかく、小さい子だから、かわいそうだからと例外をつくって特別に見逃してやるという考え方は、むしろ自然の理に反しているといわなければならないでしょう。

その点に関して思い出されるのは、浜尾実さんのお話です。皇太子殿下が一歳何カ月かで、まだ片言しか話せなかったころから、ご両親は、「いただきます」「ごちそうさま」といった挨拶から、夜は八時にはかならず寝るといった生活習慣をしつけられました。そして、「まあ、今夜は特別だから九時まではよろしい」といった例外は、けっしてつくらないようにという、はっきりした方針があったようです。なまじっかな例外を認めるから、一人でさきに寝にいくのがつらくなるし、ねだってみようという気にもなるのであって、例外さえつくらなければ、子どもはすこしもつらくはないのだということを、両陛下はよくご存じだったようです。

しかし、皇太子殿下もふつうの子と同じように、いつも聞きわけがいいわけではなく、そういうときには浜尾さんが、しかたなくお尻をぶつこともあったようです。ぶてば当然、ワンワン泣かれますが、そんなときも、両陛下はけっしてとりなしたりはせず、事情を聞くまでもなく、「どうして浜尾さんのいうことを聞かないの」と一言たしなめられたといいます。教育をまかせた人には、まかせたかぎり全面的にゆだね、しつけの方針をあくまでも貫くというご両親のバックアップがあってこそ、十年間の役目が果たせたと、浜尾さんは語っていました。

何もかも、まったくの例外なく貫き通すということは、親の側の事情からもなかなかむずかしい場合もあるでしょう。けれども、少なくとも、子どもがかわいそうだからという理由で例外を設けるのは、かえって結果的に子どもにとってかわいそうなことなのです。

32　やってはいけないことは、体でじかに経験させることもたいせつ

ことの理非をわきまえない小さい子どもには、有無をいわせず生活のルールを教えこんでいくと申しあげましたが、ただ親が手本を示してやるとか、手取り足取りしてやるだけ

では身につかないこともあります。とくに、やってはいけないことの中には、まちがうと大けがをしたり、火事などの大事故につながるものもすくなくありません。こういう重大なしつけは、根気よく手本を示したり、その都度厳しくたしなめたりして身につけさせていったのでは、いつその危険に見舞われるともかぎらず、あまり悠長にはかまえていられないという事情もあります。

このあいだ、肢体不自由児養護施設のねむの木学園を創られた女優の宮城《みやぎ》まり子さんの本を読んでいたら、こんな場面がありました。脳性マヒの後遺症で知能程度は測定不可能という自閉的な子どもが、洗面所の湯わかし器のコックをひねり、ガス臭くなって大騒ぎになりました。指導員が、「ガスは、たくさん吸うと死んじゃうし、火をつけると爆発するんだよ」と教えても、その直後はシュンとしますが、またすぐふざけて元栓に手を出そうとします。指導員は手をたたいて、強く叱ったのですが、危ないということがやはりわからない様子です。そこで、指導員は、洗濯場の乾燥機——たぶん大きなボイラーがついているのでしょう——のところへその子を連れていき、目の前で点火して見せます。おそらく、湯わかし器のバーナーとはくらべものにならないほど大きな火がボッとついたに違いありません。その子は、ひじょうに驚いて、指導員の言葉に何回もうなずいていたといいます。

これと同様のことを、作家の小松左京《こまつさきょう》さんもいっていたことがあります。子どもにとって、火遊びはたとえようもなく魅力的な興味の対象のようですが、いかんせん危険が伴いすぎます。そこで、小松さんは、子どもが小さいうちに、何らかの機会をとらえて火のこわさを体験させておく家庭教育が必要だというのです。親のちゃんとした管理の下で、小さなマッチの火が紙に燃えうつり、大きな火になって手をこがしそうになるのを経験させるのもいいでしょう。

愛育会病院名誉院長の内藤寿七郎先生も、いわゆる「アッチッチ教育」に同様な意義を認めておられます。母親がアイロンがけをしているようなとき、幼い子どもは、不用意に熱いアイロンに手を出します。まともに手を触れればやけどしますが、こんなとき、子どもの手をとって、「これはアッチッチだよ」と、軽く触れさせてみるのです。おそらく子どもは、指先にいままで味わったことのない鋭い刺激を感じて、思わず手を引っこめるでしょう。言葉でいくら「危ないよ、痛いよ」といってもわからない幼児には、この小さな経験が、百万言にまさるいい教訓になるのです。

体でじかに体験させて教えこむこのような方法は、なにもいまの例のような意図的な計画によらなくても、いたるところにその機会はころがっています。

たとえば、私どもの教室の食堂は、一部が二段ほどさがってほかの部分と区別されています。カーペットが敷かれているので、子どもが少々ころんでもけがをするような場所ではありませんが、このあいだ、八カ月ぐらいの子が、丸いリング状の歩行器であちこち動き回っているうちに、その段からころげ落ちました。「そっちへ行ったら危ないよ」という大人の制止がわかる年ではありませんから、無理もありません。しかし、その子は、一度その経験をすると、二度とその場所へは近づこうとしませんでした。無理に連れていこうとすると、ワーッと泣き出すしまつです。まだ二、三度の失敗はするかもしれませんが、おそらく、もうすこし歩行に自信が出てきたら、その場所に近づくときは、用心深くさぐりを入れながら歩いていくに違いありません。

このとき、もし親が、「危ない」とばかり、段に近づく子どもを引き寄せてしまったとしたらどうでしょう。たぶん子どもは、何もわけがわからないまま、機会さえあればまたその場所に近づこうとすることは目に見えています。その都度、親が制止していたら、子どもは、足下に気をつけるという貴重な経験が得られる絶好の機会をみすみす逃し、ここよりもっと危険な場所で大けがをしないともかぎりません。

人間社会のしきたりや生活習慣など、説明したり、実演したりしただけでは、幼児にそのことの重要性がわからないものは、ただひたすら、わけがわからないまま繰り返させるしかありませんが、とくに直接、身体的危機に及ぶものは、その痛みや苦しさを肌で体験させることで、子どもは〝体〟で覚えていくのです。

このことは、単に注意力、防御力という自分の身を守る能力が身につくという意味からだけでなく、他人の身の痛みを自分の痛みとして感じられる人間を育てるという意味でも重要なことです。小さいころからナイフを使って、指を切る痛さを知った人間は、他人を傷つけることの罪を、そうでない人より、深く体で覚えていてくれるのではないかと思うのです。

33 言葉を覚えはじめたら、まず「ありがとう」「ごめんなさい」を教える

幼い子どもには、意味がわからなくても、挨拶やお礼をいう習慣をつけさせようといいますと、決まって出る質問があります。「ただ機械的にお礼や挨拶をいうクセをつけると、心のこもらない言葉だけですべてをすませるような子になりはしないか」というものです。

たしかに、小さい子どもがもらいものなどをしたとき、ろくに舌の回らない言葉で、反

射的に「ありがとう」と答えたり、ぴょこんと慣れないおじぎをしたりするのを見ると、教えられたからしているというだけで、お世辞にも心がこもっているとはいいにくいものです。しかし、私はこのことを十分認めたうえで、それでもいいから、言葉を覚えはじめた子どもには、なるべく早くお礼や挨拶をさせる習慣をつけようといっているのです。

もちろん、こういうからには根拠があります。いったい、言葉を覚えはじめた幼児が、どんな言葉であれ、その言葉のどれほどの意味をわかって使っているでしょうか。ママ、パパ、ワンワン、ウマウマなど、ごく単純な人や物を指し示す言葉や、自分の欲求や苦痛などを母親に告げる泣き声以外には、他人に感謝する言葉、他人を敬う言葉などという高級な感情に対応する言葉は、理解しようにも、それに対応する感情がまだ子どもの心自体に生じていないのです。これでは、言葉に心をこめろというほうが無理です。

そうではなく、私は、こうした言葉を使わせることによって、一日でも早く子どもが、その言葉の指し示す内容、その言葉の〝心〟を、自分の心の中に芽生えさせることができるのではないかと考えているのです。逆にいえば、「バカ」だの「チクショー」だのという言葉も、幼児はろくに意味もわからないままに覚えていきます。機械的な「ありがとう」に心がこもらないから無意味だという人は、「バカ」や「チクショー」にもどうせ心がこもっていないのだから、使いたい放題に使わせていいというのでしょうか。けっしてそうはいわないと思います。それは、これらの言葉が、最初は無意味に使っていた子どもの心の中に、知らないうちに、ほんとうに人を「バカ」にしたり、「チクショー」とののしったりする心を芽生えさせてしまうことを恐れているからだと思います。だとしたら、「ありがとう」や「ごめんなさい」が、その気持ちの生じるまえに使わせることを無意味だという理由は、成り立たないことになります。

私たちはむかし、まったく意味がわからないのに漢文の素読などというのをよくやらされました。私など、「子《し》、曰《のたま》わく」を「火の玉食う」だと思っていたこともありました。けれども、それが後年正しい意味に解されたときの印象は、素読をやっていなかった人より、数段強いものがあったと思うのです。単なる知識か、素養と呼びうるものかの違いが、ここにはあると思います。

34　テレビのチャンネルは、子どもに支配させない

テレビの出現と、その驚くべき普及によって、現代の文明が大きく変わったということは、だれにも異論のないところだと思います。子どもの世界も大きな影響を受けているは

ずですが、こと教育に関しては、テレビ以前と以後で、どれだけの見直しが行われているでしょうか。

テレビの功罪はさまざまに論じられましたが、まだほんとうにテレビを使いこなすところまでいっていないというのが、いつわらざる実情でしょう。以前、ドイツで『第五の壁』という本が出たのを記憶していますが、これは、私たちの生活の中に、いままでの四方の壁とは別に、新しくテレビという〝第五の壁〟が出現したという問題意識で、テレビ時代を論じたものだったようです。つまり、使い方しだいでは、テレビは、人間を一日中〝壁〟に向かわせて、人間同士の交流を断ち切る元凶にもなりうる、ということをいいたかったのでしょう。

とくに、まだきれいな吸取紙のような白紙状態の頭脳をもった子どもたちにとって、テレビは、扱い方によっては、決定的ともいえる影響を与えずにはおかないでしょう。これほど重要な問題をもったテレビを、私たちは、どうしていままで割合に気楽に考えてきたのでしょうか。たとえば、同じようにさまざまな情報を盛りこんだメディアでも、雑誌や本を、子どもに勝手に選ばせ、買わせる親はいないでしょう。いくらテレビの番組が、チャンネルの切り換え一つで、〝無料〟で手にはいるからといって、子どもに勝手に選ばせ、見させているとしたら、これは考えものです。高いお金を払って与えたものだから子どもに強い影響を与え、ただで手にはいったものだから、子どもへの影響を軽んじていいという理由は成り立つはずがありません。

ひところなど、まだろくに言葉もしゃべれないような幼児が、親の見ていたテレビのチャンネルを勝手にカチャカチャと切り換え、つぎつぎに自分の見たい局を選んでいる光景をよく目にしたものです。私はよく口グセで、「コマーシャルとゴジラで育てられた子は、いったいどうなるのか」などといいますが、最近の実情もけっして楽観できるものではないと思います。

私も、一方ではテレビを作る側の一人として無関心ではいられないのですが、子どもがテレビ好きなのをいいことに、テレビに子どもの〝お守《も》り〟をさせているような家庭に、自閉症の子が多いというデータもあるそうです。漢字教育で有名な石井《いしい》勲《いさお》さんなどは、「言葉の学習の初期にある赤ちゃんが、テレビばかり視聴していると、人間の言葉でも楽器音や機械音と同じく、脳の右半球で処理されてしまうのではないか」と書かれているくらいです。

その意味でも、テレビのチャンネルは、けっして子どもまかせにせず、適度にコントロールすることが必要です。繰り返しが、その子の将来の好き嫌いを決めるからです。

35　音楽でも絵でも〝子ども用〟にとらわれないほうがいい

生まれたばかりの赤ちゃんの体と頭の成長を考えた場合、食事の面では大人と同じ物を食べさせるわけにはいきませんから、授乳に始まり、つぎに離乳食というふうに〝赤ちゃん用〟の食事をすることになります。頭脳の発達は、いってみれば母親が刺激を選択して与える〝知的授乳〟によってうながされるわけですが、この場合も、食事と同じミルクや離乳食のような〝赤ちゃん用〟でいいのでしょうか。童謡や童話だけで、赤ちゃんは満足しているのでしょうか。

私は、こと〝知的授乳〟に関しては〝ミルク〟も〝離乳食〟も必要なく、質のいいもの、本物を与えさえすればいいと思っています。極論をいわせてもらえば、この世の中に、〝赤ちゃん用の音楽〟も〝赤ちゃん用の絵画〟も存在しないというのが私の考えです。「赤ちゃん用」という言葉は、赤ちゃんの能力を軽視することからきているもので、「赤ちゃんだからわからないだろう」という考えほど、赤ちゃんの頭脳への刺激を妨げるものはないのです。

日本の小児科医の先達ともいうべき内藤寿七郎先生も、「赤ちゃんだからわからない」というのは大人の偏見にすぎないと断言されています。たとえば、母親に抱かれて診察に来た赤ちゃんが、お医者さんの手に渡されたとたんに泣きだすのも、赤ちゃんが大人の気持ちをよくわかっている証拠だといいます。内藤先生は、自分が抱いた赤ちゃんに泣かれたことはないそうですが、それは先生が赤ちゃんを抱くときに母親の気持ちになり、母親の気持ちを盗んでいるからだと語っておられます。赤ちゃんの能力を正当に評価し、それなりの扱いをするからこそ、赤ちゃんは先生を信頼し、安心して体をまかせているに違いありません。

　母親にとってたいせつなことは、この赤ちゃんを信頼する態度です。赤ちゃんだからわからないだろうと粗悪な絵本ばかりを与えていれば、粗悪な絵しか受けつけない配線が頭にできてしまい、大きくなってからたいへんな苦労をしいられる恐れがあります。もちろん私は、赤ちゃんが大人の与えるものをすべて理解しているなどといっているのではありません。しかし、赤ちゃんの理解力は私たち大人が想像しているよりもはるかに高いものがあるからこそ、理解するだろうから与える、理解しないだろうから与えないという与え方を問題にしているのです。

赤ちゃんが理解するにせよしないにせよ、とにかく与えてみることで、赤ちゃんは自分が受け入れられるものはどんどん吸収し、自らの知能を発達させていっていることは、世界中の幼児教育の研究者が等しく指摘しているところです。母親が選択の基準にすべきなのは、やさしいもの、簡単なものというよりも、いいもの、ほんとうのものという点です。これまでの固定観念にとらわれた〝子ども扱い〟は、我が子の〝能力〟を信頼していないことにもつながります。

36　子どもは「生まれたときからそばにあったもの」を自然に好きになる

私はいままで、じつにさまざまな分野にわたって一流といわれる人々の幼年時代のことを聞いてきました。それというのも、人間の能力をとことんまで引き出すことのできたこれらの人たちの幼いころには、何か共通点があるのではないかと思ったからでした。

いま、そのことに関して、一つの結論めいたものを出すとすれば、一つには、もの心のつくころには、すでにその道にはいっていたこと、もう一つには、もの心つくまえに、その道にはいるお膳立てがすでにできていたということです。

囲碁の高川格《たかがわかく》名誉本因坊の場合を例にとれば、高川さんが碁の道にはいったのは、三つぐらいのときだったといいます。高川さんの周囲の囲碁の達人たちも、みなごく幼いときに、自然に碁を覚えたようだといいます。

プロの棋士の中にも、十歳や十五歳で覚えたという人もいるにはいますが、そういう人たちは、いざ専門家になって修業しても、どうも頂点にまではなかなか達しにくいということです。

そして、その道にはいることになったきっかけはといえば、人から教えられてという人は意外にすくないのです。見ているうちに、何となく打てるようになっていたという人が大部分ということで、もちろん高川さん自身もその中にはいります。「見ているうちに何となく」というのですから、当然、いつも囲碁を目にできるような環境があったわけです。

高川さんの場合は、父親が碁好きで、ひまさえあればいつも碁を打っていました。しかも、このお父さんが一風変わった人で、四十歳ぐらいのときに田舎に引っこんで、昼間から碁を打ったり、詩をつくったりという生活をしていたそうです。

小学校へあがるころのある日、高川さんがいつも碁盤の横で見ているので、お父さんが、「もしかしたら、こいつは碁がわかるかもしれない。いっぺん打ってみようか」と思って、井目《せいもく》置かせて打ってみたのだそうです。すると、はじめて打ったにもかかわらず、ハンディをつけてあげたお父さんのほうが勝てなかったといいます。それから、これはおもしろいということになったのですが、小学校へあがればあがったで、そこの校長がまたたいへんな碁好きだったというように、つねに高川さんの周辺には碁盤と打ち手が存在していたそうです。

父親の打つ碁をそばで見ているだけで、いつのまにか囲碁の〝戦い〟の形、〝とる〟とか〝死ぬ〟という概念がわかっていったというのは、たいへんなパターン認識能力ですが、それを名誉本因坊という頂点にまで伸ばすきっかけになったのは、やはりそうした碁盤と打ち手という環境のたまものだったといっていいでしょう。これはもちろん、どんな分野にもいえることです。

37　〝ハイハイ〟をよくした子どもは、言葉の能力が伸びる

お母さん方の中には、お子さんが立って歩きはじめるのがちょっと遅れると、「この子は、どこかに欠陥があるのではないか」などと、ひどく気にする人がいるようです。かと思うと逆に、「うちの子は、もう何カ月で立って歩いたんですよ」と自慢げにおっしゃる人もいます。むかしから、「這えば立て、立てば歩めの親心」といわれるように、たしか

に最初は、お乳を飲むしか能がなかったわが子が、しだいに人並みの運動能力を示すようになるのは何よりの喜びでしょうし、また、待ち遠しいものです。そんな親心からすれば、やはり人よりすこしでも歩くのが遅れれば気になり、早ければ自慢の一つもいいたくなる気持ちはわからないではありません。

けれども、その気持ちが高じて、もし、這う期間をなるべく短くし、できれば一足とびに立って歩くようにしてやりたい、などと願うようになったとしたら、それはとんでもないことだといわなければなりません。単に焦ったり、欲ばったりしないほうがいいといった理由だけでなく、そんなことをすると、赤ちゃんの発達過程の重要な部分が欠落して、自慢できるどころか、悲運に泣かなくてはならない子どもにしてしまう恐れすらあるからなのです。

生まれたばかりの赤ちゃんを抱いてみるとすぐわかりますが、最初のころは首がダランと落ちてしまいます。これは首の筋肉がまだ発達していないためですが、これが三カ月目くらいになると、いわゆる〝首がすわる〟という状態になり、抱いていても水平に首を維持できるだけの力がついてきます。これがさらに進んで四カ月以上になると、首が起こせるようになるというのが、小児科学上の一つの基準だそうですが、じつは〝ハイハイ〟は、この首を起こす動作とひじょうに重要な関係があるのです。

ご存じのように、ハイハイをしている赤ん坊は、一所懸命に首を持ち上げています。しかも、仰向けに寝ていて首を起こすのと違って、後頭部へ向かって反《そ》らせるように首を上げるのです。ということは、ハイハイは、後頭部の発達にひじょうに関係があるということになります。つまり、ハイハイは、頭脳の発達にとって、欠かすことのできない成長の一過程なのです。

とくに、最近の医学では、ハイハイの過程がなかったか、ごく短かった子どもの中に、言語能力がひどく劣る子が出るという説もあります。アメリカの人間能力開発協会のドーマン博士は、這わないで、いきなり歩きはじめた子に言語能力で差が出るという研究を発表しています。彼は、この研究から、人間が這うということの脳に与える影響の重要性に注目し、精神薄弱とか脳障害、中風などの治療に、這うことを取り入れているくらいです。

ドーマン博士によれば、そもそも生物は、爬虫類《はちゆうるい》になってはじめて這いだし、そこから下等動物には見られない脳の発達・進化を見るようになったのではないかというのです。となれば、脳障害児や植物人間の治療に、這うことが効果を発揮する理由もうなずける気がします。

ともあれ、ハイハイが首を持ち上げる運動に通じ、それが後頭部を発達させることにつながるとすれば、むしろ推奨しこそすれ、早く卒業すべきものだとの理屈は通らないことになります。ひところかなり話題になったうつぶせ育児も、日本では事故を起こしたため批判の対象になっていますが、狙いとするところには共通点があったに違いありません。まだハイハイができない赤ん坊に、亀の子のように首を起こさせようとしてうつぶせにしたのですが、やわらかい布団の上でこれをしたのでは、たしかに赤ん坊が息ができなくなる恐れがあります。

　こうした頭脳の発達ということに加えて、ハイハイによる首の訓練は、精神科の立場からも意味を見出せるようです。神戸大学名誉教授で精神科の専門家である黒丸《くろまる》正太郎《しょうたろう》さんは、小児科の医者などが、歩きはじめ、話しはじめることを赤ん坊の発達段階としてチェックするのに対し、首のすわりということをひじょうに重要視されるそうです。

　黒丸さんのお話によれば、人間は、成長するにおよんで、いずれ直立して歩かなくてはならないため、赤ちゃんのときから重力に抵抗するパターンが重要なものとなります。その重力への抵抗が最初に現れるのが首です。二カ月までの、ただ単に寝ている世界というのは二次元の世界、つまり平面にへばりついただけの世界です。したがって、俯瞰《ふかん》する視点がないため距離の感覚がありません。

これが、首を起こすことができるようになってはじめて三次元の世界になり、首のすぐ下の至近距離から首を起こして見る遠くの距離まで、見るものに奥行きが出てきます。すると、母親が近くにいるか遠くにいるかがわかり、遠くにいれば近づこうとするところから、ものごとに対する意欲とか興味が育ってくるというのです。

こうして見ると、単に歩くまえの予行演習のようにしか思われていなかったハイハイも、それ自体に意外に重要な意味があることがわかります。赤ちゃんには、十分にハイハイをさせてやりたいものです。

38 言葉は、目と耳の両方から教えたほうが早く覚える

幼児が、大人が思っている以上に複雑なものをきちんと識別できるということは、言葉と文字の関係についても、もちろんいえます。とくに、読みとる能力については、前著でもお話ししたことですが、「九」という字より「鳩」という字のほうが覚えが早いというように、子どもははかり知れない力をもっています。

この力に着目して、幼い子に何百字という漢字をラクラクと覚えさせ、スラスラと本が

読めるようにしたことで有名な石井勲さんは、幼児はだれでもこれだけの力をもっているのだから、むしろ話し言葉は話し言葉、文字は文字と分けて教える必要はないのではないかといっています。これには、私もまったく同感です。言葉は、目と耳の両方から教えたほうが、音は文字を補い、文字は音を補うというように、お互い補強しあって、より覚えやすくなるのは当然でしょう。それなのに、従来、大人たちは、やっと言葉を話しはじめた子どもに、文字まで教えるのは負担が大きいと勝手に決めこんでしまっていたのです。

たとえば、石井さんは、幼稚園などの生活指導でも、いままでは「手を洗いましょう」のように、先生が子どもの耳にだけ訴えていたものを、同時に「手を洗う」と黒板に書くことを提案しています。そうすると、子どもは「手を洗う」という言葉を、目と耳の両方で印象づけられ、受け入れ方が五、六倍は違うといいます。この考え方は、一般の家庭にもどんどん取り入れていい方法だと思います。子どもが新しい言葉を覚えていくときに、おりにふれて文字を書いてみせてやるということは、文字を覚えるということと同時に、その言葉自体をほかとの混同なしに正しく覚えていくということにもつながるのです。

たとえば、「おばさん」と「おばあさん」の区別が、音だけ聞いていたのではははっきりしなかった子どもも、文字に書き表してやれば、当然はっきりしてくるでしょう。「わたくしは」「ぼくは」の末尾と、「ちくわ」の末尾が、同じ音のようなのに、なぜ「は」と「わ」になるかなどということも、理屈で教えようとしたらたいへんですが、数多くの言葉と文字との関係に接しているうちに、子どもは知らず知らずのうちに区別できるようになってしまいます。

そのむかし、話し言葉と書き言葉を一致させようという「言文一致」の運動が起こったことがありますが、現在ではほとんどその意味での一致は達成されています。今度は、子どもに言葉を教えるうえでの「音文一致」の運動を起こしたらどうでしょうか。そうすれば、教育漢字の数がどうの、表記の統一がどうのという国語教育上の問題、日本語の乱れの問題なども、案外あっさりと解決してしまうのではないでしょうか。

39 「日本語を覚えてから外国語を」では遅すぎる

まだ脳細胞の配線が終わっていない幼児に対する教育で、もっとも典型的な効果を見せるものに外国語の修得があります。極端にいえば、三歳以下の幼児のうちからなら、何カ国語を同時に教えても、それを吸収しつくしてしまう力が子どもにはある、というのが私の考えですが、この考え方にも、例によってさまざまな反論があります。

そのうちの一つでも、もっとも根強い疑問と思われるのが、「日本語もまだろくにしゃべれない幼児に、日本語とは似ても似つかぬ外国語を吹きこんだら、〝アブハチ取らず〟になって、肝心の日本語がヘンになってしまうのではないか。日本語がちゃんと身についてから、外国語に進んだほうがいいのではないか」というものです。

おそらく、このような疑問をもつ人の多くは、大人になってから複数の言語を習うときの困難さや、テレビなどによく登場する、ヘンな日本語を話すヘンな外人の言葉づかいなどをイメージしているのでしょう。外人が日本語を話すのに、ヘンなイントネーションで話すのはご愛嬌としても、もし自分の子どもが、日本語と外国語をいっしょに習ったために、頭の中でそれらがチャンポンになってしまい、ヘンな外人のようなしゃべり方になってしまったら困る――そんな素朴な不安があるのでしょう。最近の若い人たちが、母国語である日本語の使い方さえあやしいものだと批判されている事情も、その背後にはちらついているのかもしれません。

結論からいえば、これらの疑問や心配は、まったくいわれのない誤解からきていると断言してもいいと思います。親が、自分の学生時代などを思い出して複数の言葉を覚えることの困難さを感じたとしても、それこそ、その人が大人になってからそれをやろうとしたから生じた困難であって、小さい子どもにはまったくあてはまらないからです。ヘンな日本語を話す外人の例も、これと同工異曲で、彼も大人になってから苦労して日本語を覚えた人の一人でしょう。

ただでさえ日本語があやしいというのは、むしろ国語教育の方法が問題なのであって、同時に外国語を学んだからではありません。かえって、外国語をいっしょに学ぶことによって、日本語の特徴が比較対照上きわ立って、よくわかるとさえいえます。

生後まもなくから二カ国語以上を教えられ、何の混乱もなくマスターしている人の例は、数えきれないほどあります。ハワイで言語学を研究するシニカ夫人の息子のサトシ君は、生後すぐ英語、フィンランド語、日本語で話しかけられましたが、四カ月目ですでにこれら三カ国語と別の言葉をはっきり識別し、しかも一カ国語だけの子どもより、そのいずれの言葉のマスターも早かったといいます。幼児開発協会の母親研究員の報告などでも、生後まもなくから英語を聞かせて育った子の発音は、十年以上も英語を学んできた両親が、遠く足もとにもおよばないほどみごとなものだそうです。ただ、一つ困るのは、学校の誕生会などで「ハピー・バースデイ・トゥ・ユー」を歌うときに、「バースデー」の「バー」がみんなと違うことで、そのときだけは、みんなと合わせて日本流の「バー」で歌うのだということです。こんなエピソードが生まれるほど、その子の発音は日本人ばなれしていたというわけです。

このように、外国語教育は幼いころから始めるほどいい、つまり幼児には、言葉の〝アブとハチが取れる〟ということなのですが、このことは、最初に一つの言語で固まってしまった頭に、新しく別の言語を入れようとしても、もう完全な形でははいらなくなってしまっているということでもあります。まさに「日本語を覚えてから外国語を」というのでは遅すぎるのです。

こうした現象は、外国語の修得の場合にかぎらず、さまざまな分野で報告されています。たとえば、まえの項でもご紹介した漢字教育の石井勲さんは、一年生の子どもに最初から漢字を教えたところ、ひじょうに吸収状態がよくて、三年生のときには、六年生がとてもかなわないほどの読書力や、漢字を使っての文章力がついていたといいます。これに対して、文部省の方針どおり、まず仮名文字から始め、あとで漢字を教えていくという方法をとったところ、最初に習った仮名の影響がいつまでも続いて、漢字を使いこなす能力がなかなかつかなかったといいます。漢字のテストではかなりできても、いざ作文を書く、ノートに写すとなると漢字が使えないという、奇妙な結果になってしまったのです。

まだ漢字がよく身についていないのだから、よく練習すればいいといった人もいるそうですが、余計な練習が必要なほど、仮名が身についてしまって習慣化し、漢字の吸収を妨げたと見るほうが当たっているでしょう。

アメリカでは、歩きはじめた赤ん坊に、同時にスケートを教える試みが行われていますが、これも、いったん歩けるようになってしまってからよりは、上達が早いそうです。

鉄は熱いうちに打つからこそものになるのであり、固まってしまってからではどうしようもないという見本のようなものです。

40　世界の子守歌を聞かせておけば、外国語を学ぶときに受け入れやすい

商社の海外駐在員などにとっては、本人はもちろんのこと、家族の言葉の問題が、やはり最大の悩みの一つのようです。ところが、辞書を片手に四苦八苦する大人を尻目に、幼い子どもほど駐在地の言葉にすぐなじみ、日本語とその国の言葉をうまく使い分けられるようになるという話をよく聞きます。これは前項でもお話しした、幼児の言葉に対する能力からいっても当然のことなのですが、海外生活の経験のない者にとっては、うらやましい面もあり、「お子さんは二カ国語ができるようになってよかったでしょう」と聞くと、

意外な返事が返ってきます。

「それが違うのですよ。帰ってきた直後は、両方の言葉ができましたが、しばらくすると、あれほどよくできた外国語も、使う機会がないもので、すっかり忘れてしまったのです」

というのです。これでは、せっかくすばらしい吸収力で身につけた外国語も、大人になってほんとうに必要になったときに何の役にも立たないことになってしまいます。

たしかに、こうした現象は多くの人から報告されています。幼児は、言葉の吸収も早いけれど、使わなくなると忘れるのも早いというのは、一面の真理です。一面の真理と申しあげたのは、じつは、ここに目に見えないもう一面の真理があるからなのです。

というのは、このようなケースで、子どもは、一見、外国語を忘れたように見えても、じつは脳細胞には、その言葉を受け入れるだけの配線が残されているのです。このことを実証する例は、いくらでもあります。たとえば、NHKテレビで英会話を教えていたカマックさんという人は、フランス語にもたいへん堪能でしたが、高等学校でフランス語をとるまでは、ほとんどフランス語の知識はありませんでした。ところが、習いはじめてみると、ひじょうにスムーズにはいっていけるし、発音なども最初から先生にほめられるほどで、たちまちフランス語が達者になってしまいました。なぜだろうということになって、母親といろいろ話してみると、三歳以前にフランス人の尼さんのやっている幼稚園に半年ばかり通っていたというのです。

本人の記憶にはまったくなくても、幼児期にその言葉に接していると、このように脳細胞の奥深くに配線が残っていて、あらためてその言葉を習うときに、抵抗なく受け入れられるのです。

こうした事実を知るにつけ、私は外国語教育にはもっともっと新しい有効な方法があるように思えてなりません。たとえば、世界中の言葉の発音の要素は、煎じつめると七十種くらいになるそうですから、このすべてをうまく含んだ子守歌などはできないものかと考えます。もしそれができないにしても、各国語の子守歌くらいはテープに入れて、0歳のときから繰り返し聞かせてみるのも、一つの方法だと思うのです。

41　「文法」は高学年、「オウム返し」は幼児期にやってこそ意味がある

むかしのギリシャ時代の文献の一つに、「母国語とは、遺伝するものである」という意味のことが書かれてあるといいますが、このような「神話」が、二十一世紀を迎えようとする現在も信じられていることは、私にはまさに信じられないことです。もし、母国語が

遺伝するとすれば、外国で生まれた日本人の子どもが、帰国後、日本語をマスターするのにどうしてあれほどの苦労をしなければならないのでしょうか。大人になって覚えようとしたら苦労する外国語を、どうしてあんなに流暢《りゅうちょう》に話すことができるのでしょうか。

赤ちゃんに言葉を話す能力ができたとき、まず母国語が口をついて出るのは、毎日、母国語の刺激を受け、それを一つのパターンとして受け入れているからにほかならないというのが私の持論です。「こんにちは」という言葉一つとってみても、赤ちゃんは、「こ・ん・に・ち・は」というように、一語一語を分解して覚えているのではなく、これを一つのパターンとして記憶しているのです。言葉の意味は、使っているうちに理解していくものので、理解しなければ言葉をしゃべれないとすれば、赤ちゃんはいつまでたっても言葉を覚えられないでしょう。

そのパターン能力のもっともすぐれている時代に、よい刺激を与えなければ、赤ちゃんの知的能力を成長させることはまず不可能です。私たち大人が、外国語をマスターするのに苦労するのも、このパターン能力が衰えて、何でも理解が先に立たなければ気のすまない〝分析能力〟が優先されるからでしょう。文法を先に覚えたら、逆に言葉がしゃべれなくなるといわれるのもそのためで、これは私たちが身にしみて痛感していることです。

「文法」は高学年、「オウム返し」は幼児期にやってこそ意味があると私が主張するのも、「パターン時代」に何よりも必要なのは、繰り返しの刺激だからです。

教育といえば、すぐに分析、理屈、理解と考え、理解することが最優先の目的であるかのごとく誤解されていますが、分析的教育は「パターン時代」が終わって、分析能力が備わってからやればいいのです。

私が、この時代によい刺激を与えるべきだと主張すると、それは押しこみ主義だとかつめこみ教育だとかいって反論が返ってきますが、いまの教育は、押しこむべきときに押しこまず、押しこんではいけないときに押しこむという弊害があると再反論したいのです。その結果、もっとも大きな被害をこうむっているのは、当の子どもにほかなりません。私が、「遅すぎる」などという刺激的な言葉をあえて使うのも、教育には分析的能力とパターン能力に応じた教え方の区分を、はっきりさせることが必要だと考えているからです。

42 「どこかで聞いたことがある」という体験が、あとで能力を伸ばす

国際的に活躍する指揮者の大町陽一郎さんから興味深い〝体験〟をおうかがいしたことがあります。大町さんがドイツのドルトムントのオペラ劇場で『リゴレット』を指揮した

ときの話です。オペラには、装飾音符といって、むかしのテノール、アルト歌手は、最後のところを高くあげ、独特の節回しで終わるのが習わしだったのだそうです。ところが大町さんの指揮したテノール歌手は、大町さんの覚えていたテンポと違ったテンポで歌うのでひじょうに気になり、もっと速くやるように指示しました。大町さんははじめて『リゴレット』を指揮したということですが、最後の節回しだけは、なぜか鮮明に記憶していたといいます。

そこで指示を出したわけですが、楽団の総監督も大町さんの指示に納得し、大町さんの指揮ぶりに賛成しました。大町さんがはじめてその曲を指揮したという話を聞いた楽団員が、なぜそんなことを知っているのかと不思議そうに聞いてきましたが、大町さん自身、自分でもその理由がわからず首をひねるばかりでした。ところがある日、古いレコードをひっぱりだして聞いているうちに、ハタと思い当たることがあったというのです。

大町さんは独りっ子で、むかしから電蓄を与えられ、一日中、レコードを聞きながら育てられたということですが、そのレコードの中に『リゴレット』のアリアがありました。有名な「風の中の、羽のように……」という、カルーゾーの「女心の歌」だったそうですが、大町さんはそのカルーゾーの歌いぶりを記憶しており、それがはじめての指揮のときにどうやらよみがえったようです。そこで、テンポの遅さがひじょうに気になったというわけですが、そのときの大町さんは一歳だったといいます。四十年まえに聞いたテンポが記憶として残っていたのですから、さすがの私も驚かされたというしだいです。

私が長々と大町さんの体験をご紹介したのも、大町さんが私のいう「パターン化」をはからずも実証してくれたからにほかなりません。小さなときに生理的に記憶したことが、大人になっても残っており、それがどこかで役に立ったというケースはよく聞く話です。フランス人よりもきれいなフランス語を話す日本人とか、中国人よりもうまく中国語を話す日本人がいますが、そういう人たちはきまって幼児期をフランスや中国で過ごしているのです。その後、何十年かたって、フランス語や中国語を話す機会に、そのころの記憶がよみがえり、自然にフランス語や中国語が口をついて出て、相手の外国人を驚かせるというのです。

このような例を話すと、たいていの人は驚くようですが、これはけっして不思議な現象ではないのです。幼児期に繰り返し受けた刺激がパターン化され、それが脳細胞のどこかに焼きついていれば、必要なときにそれが呼び起こされるのは当然です。私が、「パターン時代」に、理解するしないは別問題にして、できるだけよい刺激を、より多く与えておくべきだと主張するのも、ここに一つの理由があります。

とくに、語学だとか音楽といった理屈よりも感覚が優先されるものは、この時代にパターンとして受け入れておかないと、あとになってはいってきた刺激が妨げとなって、どうしても肝心の感覚《センス》が身につかないのです。

たとえば、日本人はRとLの発音ができないとよくいわれます。しかし、日本人の中にも英語人種顔負けにRとLを区別して発音できる人もいます。おそらく〝どこかで聞いたことがある〟という体験が、いざというときのよりどころとなるのでしょう。自分の恥をさらすようですが、私もほとんどRとLの区別がつきません。とくに、日本では、New Orleansをニューオルリーンズなどといったりするので、一語の中のRとLになるとまずお手上げです。これは一種のカタワであり、「わが子をカタワにしようと思ったら、いくらでも遅くから語学をやりなさい」と私はよくいうのです。

もちろん、こうした体験が必要なのは、語学や音楽だけにかぎりません。大げさなことをいえば、この時期における体験が、人間の方向性をある程度握ってしまっているのかもしれません。

最近、定年後の第二の人生をいかに生くべくか、ライフワークをいかにもつべきかが大問題になっているようですが、ライフワークはすでに生まれたときからつくられているともいうことができます。いい第二の人生を迎えるためには、幼児期の教育がたいせつであるなどといえば、いかにも唐突に聞こえるかもしれませんが、人間形成の大半が幼児期に決まるとすれば、あながち幼児期と老年期は無縁とはいえないでしょう。「人生のたそがれは、すでに黎明《れいめい》に決定される」といった人がいますが、幼児期の教育は、それほどその人の一生に重大な影響を与えているのです。

「どこかで聞いたことがある」という体験をできるだけ積むような教育を、手遅れにならないうちにやっておきたいものです。

43　幼児期に一流意識をうえつけておけば〝一流の人物〟に育つ

最近の母親の理想は、子どもを〝一流大学〟に入れ、〝一流会社〟に就職させることだそうですが、その理想を実現するのはじつに簡単なことです。生まれてからすぐに〝一流意識〟を一つのパターンとしてうえつけてしまえばいいのです。もちろん、〝一流〟の意味は人さまざまですが、母親の〝一流〟の意味がそのまま子どもに伝えられることはいうまでもありません。

何が一流かは、ここで議論することが本旨ではありませんから触れませんが、大人になってどんな人物に育ったかは、幼児期における母親の〝意識〟の結果であることは確かです。ところが〝一流大学〟に入れ、〝一流会社〟に就職させたいと願う親にかぎって、このうえつけを怠っているのが現状です。子どもに自我が芽生え、一人歩きできるようになってから、さあ〝一流〟を目ざせといってももう手遅れなのです。

今日の過熱した受験教育も、どうやらここに原因の一端があるようです。一流大学に入れるには一流高校に入れなければならない、一流高校に入れるには一流中学に入れなければならないと、学校の選択がどんどん下がってきて、いまでは一流幼稚園に入れるための予備校までできているといいます。そこでどのような教育が行われているのか知りませんが、一流幼稚園に入れるためのもっともよい予備校は、じつは家庭なのです。

今日の、功なり名を遂げた人の話を聞いてみますと、例外なく、このすぐれた〝予備校〟の卒業生であることがわかります。おそらく、親はそんなことを意識して育てたのではないでしょうが、だれもが結果として一流の人物になるような育てられ方をしているのです。口で一流になれとわざわざいい聞かせなくとも、家庭の雰囲気や親の行動の中から、子どもは自然に一流意識を身につけ、そのための能力を育てていっているのです。

世界のオートバイ王といわれた故本田宗一郎さんは、生まれて数年間、おじいさんの背中におんぶされて、毎日、近くにある精米屋に散歩に連れていかれたといいます。そこで毎日、石油発動機の油の臭いをかがされたことが、後年、オートバイに対する興味を生むきっかけになったとご本人も述懐していますが、本田さんにとってはどんな設備の整った教室よりも、おじいさんの背中がオートバイ王になるための予備校だったに違いありません。もちろん、赤ちゃんのときに油の臭いをかがされたからといって、だれもがオートバイ王になれるとはかぎりませんが、少なくともその可能性をつくったのはおじいさんの背中であることは確かです。ますますエスカレートする教育ブームは、教育という名まえにまどわされて、親が子どもにとってもっとも必要な〝予備校〟をつくる努力を怠っているところから起こっているように私には思われるのです。

44　幼児期だからこそ、一流のものを見せ、よいものを与える必要がある

むかしの大家族主義のもとでは、おじいさん、おばあさんが、孫を連れて芝居見物に行ったり、稽古ごとに行ったりする光景をよく見かけたものです。こうしたよい影響を受けてか、後年、それぞれの道の第一人者になった人が少なくありません。

なぜ、私がこんなことをいいだしたかといえば、最近の子どもたちはこうした機会に恵まれず、よいものに接するチャンスがないのではないかと思われるからです。むかしのおじいさん、おばあさんといえば、よいものを見る眼力があり、比較的暇もありましたから、いい遊び相手である孫を好んでそうした場所に連れていったものです。子どもだからわからないだろうという理屈よりも、孫を連れて歩くというのが、本人たちにとっても楽しみだったのです。その結果、自然に幼児はよいものに接し、それを吸収しながら育っていきました。私がいうよい影響というのは、じつはその点なのです。

子どもにおいしいものを食べさせてもわからない、よいものを見せてもわからないという親の先入観は、けっして子どものためにはならないでしょう。一流ホテルのレストランに連れていけば、いたずらをしてほかの人に迷惑をかけるという親もいますが、子どもは、一流レストランではちゃんと一流の振舞いをし、二流のレストランでは二流の振舞いをするものなのです。料理が上手になる秘訣はおいしいものを食べさせることだそうですが、最近の教育はまずいものばかりを食べさせておいて、料理が上手になれといっているようなものです。二流のレストランばかりに連れていきながら、一流のレストランでは一流の振舞いをせよと教えても、なかなかそれができにくいのは当然のことでしょう。

私は幼児期だからこそ、一流のものを見せ、よいものを与える必要があるのだと思っています。というのも、幼児の柔軟な頭脳によいパターンがうえつけられ、それが自然に自分のものになっていくからです。結婚、就職などではよく〝育ち〟が問題にされますが、それが幼児期の〝よいパターン〟を問題にしているとするならば、それはあながち非難すべきことではないでしょう。〝育ち〟といっても家柄や財産が問題ではなく一流のものを見せられ、よいものを与えられる、〝よい環境〟にあったかどうかが重要なことはいうまでもありません。

家柄や財産がなくとも、よい環境に育った人は枚挙にいとまがありません。見識のあるおじいさん、おばあさんのいる家庭もよい環境の一つであり、そこで幼児期を過ごせばよい育ちだということなのです。一流のものは、金銭がなければ与えられないというものではありません。子どもの教育にとってだいじなのは、金銭よりもよいものを与えたいという親の意識なのです。

45　子どもは、できるだけ外に連れていく

ようやく目が見えるようになった赤ちゃんに、どの母親も最初に与えるのが、グルグル

回るオルゴールであり、ガラガラです。赤ちゃんは飽きることなくオルゴールに目をこらし、ガラガラに耳をすませていますが、それだけで果たして満足しているのでしょうか。私はそうした赤ちゃんの顔をのぞきこむたびに、刺激が足りないと不満を訴えているように思えるのです。

この時期の赤ちゃんは、一種の〝刺激渇望症《かつぼうしょう》〟にかかっており、たまたま飛んできた蝿《はえ》にもつきることのない興味を示します。畳の上にあがりこんできた蟻《あり》を見つければ、格好の相手が来てくれたといわんばかりに、蟻の動きを目で追いかけます。この刺激に対する飢えを満足させてやるには、蝿や蟻だけでなく、車も犬も猫も、あるいは飛行機も鳥も見える〝外界〟にできるだけ連れていく機会をふやすことです。

ところが最近は、赤ちゃんを連れた母親を外であまり見かけなくなっています。マイカーがふえたせいもあるでしょうが、道路事情とか衛生、健康上の問題で、若いお母さん方は、あまり赤ちゃんを外へ連れだしたがらないということをよく耳にします。寒ければ風邪をひかせる、暑ければ日射病にかかるというわけで、できるだけ赤ちゃんを〝無菌状態〟に置いておきたいようですが、これは赤ちゃんの興味をシャットアウトすることにつながり、赤ちゃんの知的能力を伸ばすためにはけっして望ましいことではありません。

「自然は子どもにとって学習の宝庫である」といわれるように、外界や自然の中には、子どもの興味をひきつけてやまない刺激が山のように転がっています。その学習の場に、赤ちゃんを連れださないのは母親の怠慢ではないでしょうか。たしかに、赤ちゃんを外に連れだせば、風邪をひく恐れもあるでしょうし、思いがけないアクシデントに見舞われる危険もあるかもしれません。しかし、だからといって、赤ちゃんを家の中に閉じこめておくのは、母親自らの手で、学習の場を奪っているといってもけっして過言ではありません。

外に出た赤ちゃんは、路上の犬や猫に驚きの目を注ぎます。つぎからつぎに流れてくる車に、いつまでも目を離そうとしません。八百屋の店先に並んだ色とりどりの野菜に、目を見はっています。こうして家の中では得られない刺激を受け、赤ちゃんの知能は発達していくのです。この知的経験や活動が得られるせっかくのチャンスを、危険だからという理由だけでシャットアウトしてもいいものでしょうか。

赤ちゃんの健康や危険に最大限の注意を払うことは母親の責任ですが、学習の場を奪うことが母親の責任ではないはずです。美しい自然の中で、赤ちゃんは知的、肉体的活動をいっそう活発にさせるのです。

46　幼児の喃語には、母親は積極的に応えてやる

同じころ子どもが生まれそうだということで、産院通いをしているうちに知り合いになった二人のお母さんがいました。二人とも無事、丈夫な赤ちゃんを出産しましたが、その後何カ月かして、一方のお母さんはもう一人のお母さんを訪問し、赤ちゃんの様子を見てびっくりしたというのです。その赤ちゃんは、自分の子とは比較にならないほど活発に声を出し、まだ言葉にならない言葉ではありますが、しきりにお母さんに話しかけてくるのです。

どうしてこれほどの違いが生じたのか、お母さんとしては気になるところです。相手のお母さんにいろいろ聞いてみましたが、自分とたいして違った育て方をしているわけではありません。ところが、そこへこの子の姉である幼稚園へ行きはじめた子が帰ってきました。とたんに、その理由がわかったというのです。その女の子は、帰ってくるなり、赤ちゃんのところへ行って、赤ちゃんのちょっとした声にも、お姉さんらしく応えてやります。母親の言葉によれば、下の子が生まれたのがうれしくてしかたないらしく、いままで人形相手にしていたおしゃべりを、もっぱら赤ちゃん相手にしているということです。ほんと

うに人間の赤ちゃんとわかっているのか、人形をあやしているつもりなのかわからないと、母親は笑っていたそうです。

もちろん、生まれてまもない赤ちゃんが泣き声以外に出す声といえば、せいぜい「アーアー」とか「ブーブー」といった、いわゆる喃語《なんご》です。おなかがすいた、おしめが濡れたといった具体的訴えで母親を呼び寄せる泣き声と違って、たいていは機嫌のいいときに出すのがこの喃語ですから、べつにすぐ駆けつけてやらなくても、赤ちゃんは困りません。独り言のように「アーアー」「ブーブー」を繰り返して、知らぬまに眠ってしまったりします。

しかし、この喃語に周囲の者が積極的に応えてやるかやらないかで、いまの例のように赤ちゃんの発達が見違えるように変わってくるのは事実なのです。心理学では、泣き声や笑顔とともに、こうした赤ちゃんの音声を、信号行動とか発信行動というそうです。つまり、一見無意味な独り言のように見える「アーアー」「ブーブー」も、子どもにとっては、自分の存在を周囲に知らせたり、自分の意思を伝えようとする〝信号〟だと考えられるのです。周囲の者が、その〝信号〟に対してすぐに〝応答〟してやると、その発信行動は増大するといいます。応答は、話しかけるだけでなく、なでたり、あやしたり、ゆすったりと、どんな方法でもいいのです。

重要なのは、その〝発信〟に対して、ただちに〝応答〟してやることです。「こちら○○局、応答願います」という電波も、すぐに応答してやらなければ、「応答なし」として切られてしまうように、赤ちゃんからの〝電波〟にも、すぐに応答してやらなければ、その〝信号〟に対する、〝応答〟だとわからないのは当然でしょう。

この〝電波〟にこまめに応答してやることで、赤ちゃんは、しだいに〝電波〟の出し方の要領を覚え、より高度の〝信号〟を送れるようになるのです。これは、とりもなおさず、その子の知的発達を促進することにほかなりません。そればかりか、〝発信〟〝応答〟という母子間の〝交信〟がひんぱんに行われることによって、母親との心の絆が形成されることも、心理学者は指摘しています。

もちろん、この〝交信〟は相互作用ですから、母親の側からの〝発信〟も、子どもの〝発信〟をうながす働きをします。赤ちゃん側からの〝発信〟がないときでも、何かにつけ、母親が話しかけてやることの重要さが、ここからわかります。こうした〝交信〟によって子どもの情緒が安定し、大きくなってから人間関係などがスムーズに行える能力が形づくられていくのです。

逆に、この発信行動に対する応答が少なかったらどうなるでしょうか。たとえば、だれもいない部屋に一人ぼっちで寝かされていた赤ちゃんには、喃語がふえにくいことを心理学では報告しています。

この点に関して、私がいつも思い出すのは、前著でも紹介したことのあるアメリカの〝特別家庭教師〟制度です。アメリカのある町では、共働きなどで母親といっしょに過ごす時間の少ない赤ちゃんに対して、ウイークデーの毎日一時間ぐらいずつ、特別に訓練を受けた家庭教師のような人を派遣して、いろいろおしゃべりさせながらいっしょに過ごさせるというのです。一歳前後の子どもに対して行った調査では、一年後に早くも、ほかの同条件の子よりも、知能指数が高くなり、とくに言語能力で差があったといいますから、やはり、この時期の赤ちゃんの言葉にならない言葉には、十分に応えてやることがたいせつであるのがわかります。

その意味では、最初の例の女の子などは、母親がとかく家事にかまけて相手になってやれない赤ちゃんに対して、みごとに〝特別家庭教師〟の役を果たしたことになります。まだ赤ちゃんを卒業したばかりのこの子にとっては、赤ちゃんの「アーアー」「ブーブー」も、りっぱな言葉として聞こえていたのかもしれません。

47 むかしながらの遊びには、自然に子どもの自立心を育てるものがある

ゴロ合わせではありませんが、しつけという言葉にはどこか押しつけというイメージがつきまとい、しつける側にもしつけられる側にも好感をもたれていないようです。しかし、だれかが、いつかしつけなければ、子どもは社会的に自立することはできません。そのだれかとは母親であり、いつかとは「パターン時代」であることは、これまでたびたびお話ししてきたとおりです。問題は、押しつけることのよし悪しですが、私は「パターン時代」には、押しつけが子どもに悪影響を及ぼすとは思っていません。だからといって、私は何がなんでも押しつければいいなどと主張しているのではありません。子どもは母親との遊びを通じて、自然に基本的な訓練をつみ、社会的に自立するための基礎を築いているのです。

その点、むかしの人はさまざまな母と子の遊びを工夫し、遊びを通してしつけを行ってきました。評論家として活躍された安《やす》田《だ》武《たけし》さんのお話によると、〝いない、いない、ばあ〟という遊戯にも、自立心を育てるための意味が含まれているという説があるとのことです。子どもにとって、母親の不在はたいへんな恐怖感を生むものらしく、ちょっと母親の姿が

見えなくなると、「ママ、ママ」と泣きだします。〝いない、いない、ばあ〟という遊びは、それとなく母親の不在を教える、幼児期の最初の訓練だというのです。

〝いない、いない〟で母親がいなくなると、赤ちゃんはひじょうな恐怖感を覚えますが、そこへ母親が〝ばあ〟と顔を出すと安心感を覚えます。恐怖感、安心感という繰り返しによって、赤ちゃんの頭には母親の姿が見えなくなっても、すぐに帰ってくるというパターンがうえつけられます。このような刺激によって、しだいに赤ちゃんは母親がいなくても恐怖感を覚えなくなり、自然に自立心が育っていくというのが、この説の根拠のようです。

いわれてみれば、むかしの母と子の遊びには、なんらかのしつけの意味が含まれているものが少なくありません。〝アンヨは上手、ここまでおいで〟も、単に赤ちゃんの歩行能力を高めるためでなく、目的の場所まで自分の力で歩いていくことを教えるトレーニングの一つです。毎日、こうした訓練をつんでいけば、赤ちゃんの心に自立心が育っていくことは十分に考えられます。このように考えていくと、むかしの人は幼児教育にもすばらしい知恵をもっていたことがわかります。〝遊び〟とは、もともと日常生活の枠からはみだすことであり、古い遊びの中に新しさを発見することはだれでも経験することです。現代の母親が、古い遊びを見直し、よいものをどんどん取り入れていくことも、教育における技術革新の一つなのです。西洋流の育児法が技術の最先端をいくなどという考え方こそ、枠にとらわれた教育法といえるのではないでしょうか。

48 幼児に外国語を習わせるときは、自然なスピードがいい

中学にはいってはじめて英語を習ったとき、私たちはきわめてゆっくりしたテンポでないとその意味を理解することができませんでした。〝It-is-a-pen.〟といった具合に、一つひとつの単語の意味を分析しながら覚えていくのですから、テンポがゆっくりになるのは当然のことかもしれません。こうした英語教育を受けた大人が、外人にペラペラとまくしたてられると、単語の分析が話すスピードについていけず、何をしゃべっているのかさっぱりわからないということになるのも当然の成りゆきといえるでしょう。しゃべる場合でも、一語一語の意味を考えますから、自然にテンポも、外人をイライラさせるほどのんびりとしたものになりがちです。日本人の英語恐怖症は、こうした〝分析主義〟に、そもそもの発端があるといっていいのではないでしょうか。

その点、日本語もろくにしゃべれない子どもが、近所に引っ越してきた外国の子どもとすぐ仲よくなり、日本語と同じように外国語をペラペラしゃべれるようになるのは、逆に

この分析能力がないからだといえます。子どもは、単語を意味としてでなく、一つのセンテンスをパターンとして受けとめているからこそ、大人が一つの単語を考えながらしゃべるスピードで、〝It is a pen.〟としゃべることができるのです。

私どもの会社で開発したトーキングカードという機械があります。これは、カードに絵とスペリングを書いておき、子どもがこのカードを機械に差しこむと、あらかじめ録音しておいた声が出る仕組みになっています。打ち明けた話をしますと、英語の吹きこみでいちばん問題になったのが、このスピードだったのです。ご多分にもれず、日本語もろくに理解できない子どもに英語を教えようというのだから、スピードはできるだけゆっくりしたほうがいいという議論も出ました。他方では、子どものパターン認識の能力を評価して、自然のスピードのほうが理解しやすいという意見もありました。それらの両論を踏まえたうえで、いろいろの実験を重ねた結果の結論が、年齢が低いからこそナチュラルスピードでいくべきだということだったのです。

この結論が、子どもの英語力を成長させる原動力になっているのだと私は確信しています。たとえば、あるお母さんの話によると、子どもはテンポの速いものほど早く覚えるといっています。大人の私たちから見ると、テンポが速すぎると思われるマザー・グースを、三歳のお子さんがたった二週間で全部覚えてしまったというのです。

このように見てくると、子どもは自然な刺激をごく自然に受け入れていることがわかります。つまり、意味を理解させなければいけないと、親が人工的に刺激をつくりかえてしまうと、かえって子どもの頭を混乱させるもとになりやすいのです。このことは、幼児が外国語を習うとき、かえって自然なスピードのほうが早く覚えることでもわかります。ひらがなやかたかなよりも漢字を、それもむずかしい漢字のほうを早く覚えるというのも、「パターン時代」の子どもには漢字のほうが認識しやすい〝当たり前の文字〟〝自然の文字〟なのかもしれません。ひらがなから漢字へと教えようとするのは、むしろ子どもにとってはいい迷惑なのです。

もう一つ、幼児のうちにナチュラルスピードを身につけさせてしまえば、それが頭脳にパターン化され、あとで自然なスピードを身につけさせる苦労がなくなるという効用も見逃せません。いったん、ある刺激が配線されてしまうと、それを訂正するには、白紙の状態よりも数倍の努力が要求されます。このことは、幼児のときに方言をいったん身につけてしまうと、大人になって標準語を話すのにたいへんな苦労がいることでもわかります。人によっては、方言が一生抜けないこともあります。その地方に住む人にとっては、方言が標準語なのですから、無理に標準語を覚えさせる必要がないという意見もありますが、私がいいたいのは、大人になって標準語が必要になるのなら幼児期に身につけさせておいたほうが、あとで苦労しなくてすむということです。

幼児教育における大きな誤解の一つは、大人がふつうに使うものは幼児は受け入れにくいという考え方にあります。そのため、幼児語で話しかけたり、言葉の意味をわからせようとゆっくりしたテンポで話したりするのです。その点、幼児用の童謡、童話、オモチャの中には、むしろ幼児の成長を妨げるものが少なくありません。幼児だからと、歌や話を人工的に加工してしまっているために、かえって子どもの頭を混乱させているのです。すぐれた童謡、童話は、きわめて自然なものであり、大人にも子どもにも長く親しまれていることからも、このことが理解できます。

〝It-is-a-pen.〟式の教え方をしているかぎり、私たち日本人はなかなか英語恐怖症から脱却することができないでしょう。これからの日本人は、ますます英語を日本語と同じように読み、聞き、しゃべり、書くことを要求されてきます。それに応えるためには、幼児期に〝ふつうの英語〟を教えておくのがもっとも早道なのです。

49 日本古来の畳を育児に利用しないのは、宝の持ちぐされ

「女房と畳は新しいほどいい」などというけしからん言葉がありますが、女房はともかくとしても、畳には赤ちゃんの発育のうえでさまざまないい面があります。わらとイグサを材料として作られた畳は、むかしは畳床の厚さなどによって身分が明らかになったといいますが、いまはそのようなばかげたことはなくなり、どこの家でも同じような畳が使われています。

ご承知のように、畳床は、わらなどを麻糸などの縫い糸で固めて作られています。じつは、この固さが、赤ちゃんの運動を適度に刺激し、頭脳の発達を助けているのです。まえにもお話ししたように、ハイハイは赤ちゃんの頭脳の働きを活発にさせる役割を果たしていますが、板敷きのように固すぎず、かといってベッドのように柔らかすぎない畳は、まさに赤ちゃんにとっては最高の運動場といえるでしょう。

ところが最近は、畳を敷きつめた日本間のない家も珍しくありません。大人の生活にとってはそれなりの便利さがあるかもしれませんが、運動場を奪われた赤ちゃんにとってはいい迷惑です。また、柔らかいフカフカのベッドの上に寝かされたのでは、赤ちゃんは自

由に身動きすることすらできず、へたをすると窒息死すらしかねません。現に、〝うつぶせ育児〟が外国の学者から奨励されたためか、柔らかいベッドにうつぶせにさせて事故死するという悲劇をよく耳にします。しかし、その外国でも、下の柔らかいベッドや枕の上に赤ちゃんをうつぶせにすることは厳禁されているそうです。

赤ちゃんの発育にとって重要な役割を果たしている畳のよさが、大人の便利さだけのために忘れられようとしていることは、私には不思議でなりません。お年寄りのいる家庭では、畳の敷かれた日本間が不可欠とされていますが、それをもっとも喜んでいるのは、お年寄りと赤ちゃんかもしれません。日本には、古くから伝えられてきた育児の知恵があり、遊戯や道具にも、あらためて見直す必要のあるものがたくさんあります。畳もその一つだというのが、育児の専門家も等しく認めていることなのです。

せっかく日本人がむかしから考えだしてきた遊戯を奪われ、道具を奪われ、赤ちゃんはどのように生活していったらいいのでしょうか。母乳に代わってミルク、畳に代わってベッドが、現代の〝進んでいる母親〟の育児法だといわれていますが、赤ちゃんの成長に必要なのは、〝進んでいる母親〟ではなく、古くから伝えられている育児の知恵を身につけた〝日本の母親〟なのです。私が畳の効用を力説するのも、畳だけでなく、日本古来の育児の知恵を若いお母さん方にぜひ見直してほしいからです。

50　幼児語から大人語への変換は、自力でさせるところに意味がある

私は幼児教育の二つの大きな目的は、知能の開発と自立性の育成にあると思っています。この二つの目的を達成するためには、一方では生理的、動物的とさえいえる刺激を子どもに与えると同時に、他方ではできるだけ子どもに興味をもたせながら、自分の選択でその刺激を受け入れさせることが必要です。この二つの手段は、相容れないもののように思われていますが、子どもの成長段階に従って使いわけするようにすれば、お互いに補強し合い、より大きな成果をあげることができるのではないでしょうか。

たとえば、幼児語でこのことを考えてみましょう。赤ちゃんが言葉を話しはじめるときには、いわゆる幼児語を使いますが、そのため大人は、赤ちゃんは幼児語でなければ理解できないと思いこみ、幼児語で話しかけます。ところが、赤ちゃんが成長するにつれて親は幼児語を捨てて、大人の言葉で話すように要求しはじめます。赤ちゃんはその要求にりっぱに応えていますが、それができるのは、赤ちゃんが毎日、大人の会話を聞きながら生活しているからにほかなりません。もし、大人が、ふだんの会話でも幼児語を使っている

とすれば、赤ちゃんはいつまでたっても幼児語から脱却することは不可能でしょう。だとすれば、赤ちゃんに母親はなぜ幼児語でつねに話しかけなければいけないのでしょうか。私が、赤ちゃんにも大人の言葉で話しかけてもいいのではないかという根拠も、じつはここにあるのです。自然に〝大人語〟を話すようになるのを待つよりも、赤ちゃんの頭脳に〝大人語〟を一つのパターンとしてうえつけておけば、それだけ早く、その赤ちゃんは〝大人語〟を話すことができるようになるに違いありません。これが、私のいう生理的刺激です。

このように、〝大人語〟を頭脳の中に配線しておけば、赤ちゃんは語学機能が発達するにつれて、自分から積極的に幼児語から脱却しようと努めるに違いありません。この配線がなされていなければ、親は幼児語を脱却させるために、子どもに働きかけなければならなくなるでしょう。親の矯正でなく、自分で幼児語を脱却するところにその子の成長があるのですから、そのための基礎を早くつくっておいてやることは、子どもの自立性を育てることにこそなれ、いわゆる大人の考える無理なつめこみになるはずがありません。

このように考えれば、知能の開発と、自立性の育成はけっして矛盾するものではなく、あたかも車の両輪のごとく、お互いに助け合いながら二つの目的を達成していくのだということがわかります。刺激という刺激的な言葉を使うとその意味を曲解されがちですが、あらゆる刺激は、子どもが自主的に成長していくための土台づくりの役割をになっているのです。

51 筋肉を活動させてこそ、頭脳も活動的になる

「学校のよし悪しは、手当てする骨折の数でわかる」とは、あるフランスの小児科医の言葉です。しかし、まちがわないでください。骨折の数が少ないほうがいい学校だというのではなく、多いほうがいい学校だと彼はいいたいのです。

毎日、いわゆる〝お勉強〟ばかりに追いまくられて、伸び盛り食べ盛りの小学生が、元気に運動場を走りまわり、体を鍛えている暇もないというのは、フランスも日本も変わりないようです。勉強を軽くこなして、あとの時間は少々荒っぽいことも含めて飛びまわっていれば、骨折の一つや二つはして当たり前なのに、「知育」にばかり追いまくられている〝よくない学校〟では、手当てしたくても骨折などないに等しいと、その小児科医は嘆いているのです。

これは小学校での話ですが、二つの点で、幼児教育にも関係の深い話です。一つは、な

ぜそれほどまでに〝知育偏重〟にならなくてはならないのかといえば、当然、幼児のころの教育にその原因をさぐらなくてはならなくなります。もう一つは、「知育」に追いまくられて、体を動かすことをお留守にすると、肝心の「知育」そのものもうまくいかないのは、どんなに小さい子どもの場合でも同じだからです。

最初の点の、〝知育偏重〟については、いままでたびたびお話ししてきた語学教育の例などを考えていただけば、一目瞭然でしょう。繰り返しの訓練が苦痛に感じられない「パターン時代」に、頭脳の配線をしっかりしたものにしておけば、学校へ行くようになってからの知識の吸収にも、それほど苦労しなくてもすむことは、ほかのしつけや社会的ルールのわきまえが、現実の社会生活のさまざまな場面でまちがいなく応用されていくのと同じことです。

ここでは、もう一つの着目点である体を動かすことが、いかに頭脳の働きを活発にするかをお話ししておきましょう。というのも、ときによると「運動をすると体に血がまわってしまい、頭の血のめぐりが悪くなる」などという人がいて、肉体の発達と頭脳の発達が、何かまったく別物か、ひどいときには逆の関係にあるもののように錯覚することがないとはいえないからです。

このような俗説を一蹴するには、ある体育心理学の専門家が行った一つの実験を示せばことたりるでしょう。彼は、幼稚園児の精神作業を調べるためにクレペリン検査を一定期間、行ってみました。すると、運動会のシーズン中に、その作業のスピードが大幅にアップしたというのです。そして、幼児の運動は、大脳中枢に敏感にはね返り、神経活動を活発化させる作用があるのだと説明しています。平たくいえば、活発な運動は、頭脳の働きも活発にするということでしょう。

同じ体を動かすことのなかでも、とくに近年注目されているのは、手足、なかでも手指の運動です。指先の訓練が、脳細胞によい刺激を与えるということは、早くからバイオリンやピアノを習った子どもたちに頭のよい子が多いということからも、体験的にうなずけます。

人間が万物の霊長といわれる高い知能を獲得したのは、二本足で立って両手が自由になったからだといいます。つまり、自由な両手をさまざまに働かせることによって、ほかの動物にはできない複雑な作業ができるようになり、それと同時に、頭脳も飛躍的に発達することになったというわけです。

私たちの体の各部分を支配する大脳の領域を調べてみると、手や顔の筋肉を動かすための領域が、ほかの部分にくらべてはるかに広いそうです。こんなことからも、頭脳の発達と手指の運動との関連がうかがえるような気がします。

たしかに、幼い子どもの手指の運動を見ていると、最初は母親の指をにぎったり、しがみついたりする作業しかできなかったものが、しだいにスプーンから箸《はし》へ、そしてボタン掛けから紐《ひも》結びへと進み、それと並行して、頭脳の活動も活発になっていくのが見てとれます。

たとえば、紐結び一つとってみても、これを言葉で伝えようとしたら、どうでしょう。おそらく、何十語、何百語を費やしても、かならずしも正確には伝わらない複雑な作業です。これを見よう見まねで覚え、あるいは失敗しながら何回も繰り返している子どもの頭脳では、急ピッチで脳細胞の配線がなされているに違いありません。

こうした手指の運動の重要性を考えて、あやとりや折り紙など、手指を複雑に使う遊びを、幼児の頭脳開発のために奨励している学者もいるくらいです。複雑な作業をまちがいなくなしとげるためには、一つひとつの手順をゆるがせにしない、たいへんな集中力が要求されます。複雑な手指の訓練は、子どもの集中力、忍耐力などをつける役割も果たしてくれるでしょう。

手指の運動ばかりでなく、さきほどのクレペリン検査に見られるような全身的運動までを考えても、まさに健全な頭脳は、健全な体に宿るということがいえそうです。

52 子どもは「教え育てる」ものでなく、「覚えて育つ」もの

いま日本全国に三十万人以上の会員をもち、さらに毎年二万人近くの子どもが入会しているという算数教室があります。公文公《くもんとおる》さん（故人）という算数教育の大ベテランに率いられた公文数学研究会というのがそれですが、私は、この算数教室の指導方法を聞いて、それがあまりにも私の年来の主張と一致し、しかもみごとな実践結果を生んでいるのに驚いたことがあります。

公文さんのお話によると、二万人の子どもの調査結果で、小学校の六年間で習った算数の内容が完全に理解できている子どもはたったの六パーセントだそうです。驚いた私が、文部省の高官に会って確かめるとやはりそうだといいます。こうした現状にあって、これだけの数の子どもたちが救いを求めて殺到しているという事実だけを見ても、この教室の存在はもはや日本の教育界にとって無視できないものになっているといえましょう。しかし、それ以上に驚かされるのは、さぞかし特別な技術をもった先生たちが指導に当たって

いるのだろうという予想に反して、全国に何千という教室の指導者は、なんとみなふつうの家庭のお母さんたちばかりだといいます。

算数の専門家でも教育学の大家でもない一介の母親が、なぜ、学校にも見離されたような子どもの三年もの遅れを一年で取り戻し、追い越させるというような離れ業ができるのでしょうか。それは、一口にいって、この算数教室の教材の与え方が、まさに個々の子どもの、もっとも伸びやすい自然なコースに従っているからです。というのは、この教室では、数の概念だの、足し算の意味の理解だのという面倒くさいことはいっさいいいません。その子にとって徹底してやさしい計算問題を、機械的に反射的に答えを出させる繰り返し練習をさせるだけなのです。

私が何度もお話ししてきているように、教育のスタートは、かんでふくめて納得できるように説明するよりは、むしろ機械的に繰り返して、パターンとして頭の中の配線に組みこんでしまうのが、のちのちの進歩、成長を楽に、早くする要諦なのです。楽々と繰り返しができるような問題なら、子どもにとって苦痛であるわけがありません。子どもが苦痛を感じずに楽々と繰り返しを行うならば、指導する人間に特別の技術が必要ないのも当然でしょう。

日本には、「九九」というたいへんすぐれたパターン教育のお手本があります。「二三が六」「四八、三十二」などという語呂のいい文句によって、なぜ二かける三が六になるのかなどとはまったく無関係に、機械的に頭の配線に組みこんでしまうのです。公文さんの考え方は、この「九九」の考え方を、すべての計算にまで適用しようとするものといえなくもないでしょう。

何もわからない子ども時代に叩きこまれた「九九」が、私たち大人の頭の中にはすでに日常の挨拶のようにしみついていて、たいへん役立っているように、ほかの計算についても、基礎的なものは機械的・反射的に答えが出るようにしておけば、あとのより高度なものへの取り組みがどれほど楽になるかわかりません。算数は、語学と違って0歳児からというわけにはいかないかもしれませんが、それでも、〝パターン方式〟をとるかぎり、現在考えられている年齢よりはずっとスタートを下げられるはずです。

公文さんにせよ、鈴木鎮一先生にせよ、すぐれた教育実践には、やはりつねに共通するものがあります。鈴木先生は、つねづね、「どの子も伸びる、育て方しだい」とおっしゃっていますが、教育の要諦はまさにそれにつきると思います。公文さんの方法に、特別な技術をもった指導者が必要なかったように、子どもは本来、自分で育ち、自分で学び、自分で伸びる力をもっているのです。鈴木先生の教室で、兄や姉のレッスンを見ていた子どもが、しだいに自分もやりたくてしかたなくなってくるのもそうですし、公文さんの教室でやさしい問題を繰り返していた子どもが、もっとむずかしい問題をくださいといってくるのも同じです。

鈴木先生も公文さんも、テクニックを教えこもうということはいっさいしていません。練習の途上で、ある問題にぶつかったとき、それを「ここはこうだからこうやればいい」式のくだくだしい説明をしても、その場でわかったつもりになるだけで、つぎのときには同じようにつまずいてしまいます。鈴木先生と公文さんが奇妙なくらい一致しているのはこうした場合に、つねに、よりやさしいところへ戻って反復させ、知らないうちにその難所を通り過ぎていたという形にしてしまうことです。というより、最初から、そうしたつまずきが出ないように、毎回の練習を、「キラキラ星」など最初のやさしいところから通してやるというのが、鈴木先生の方法です。これは、生徒どころかどんなに訓練をつんだ先生方の練習でも同じです。

公文さんの毎回の練習問題も、つねに前段階のやさしい部分に戻り、反復しながらしだいに上がっていくという配慮が、心にくいまでになされています。いずれにしても、教えこむのではなく、子どもに自分で獲得させていくみごとなやり方です。

私たちは従来、「教育」というものを、「教え育てる」こととのみ解してきたきらいがあるのではないでしょうか。私は、この章をしめくくるにあたり、「教育」とは「教え育てる」ことでなく、むしろ子どもが自分で「覚えて育つ」ことではないかということを強く訴えたいのです。「教え育てる」では、つまるところ、大人のもっているものを子どもの中に移植することにしかなりません。

「教える」のではなく、繰り返し与えることで「覚え」、あとは自分で「育つ」のでなければ、親を、大人を、そして従来の人間を越えて大きく飛躍する人間をつくることはできないと思うのです。繰り返しお話しした人柄の問題、能力の問題、いずれをとってもそうだと思います。

こゑあげて　ひとり幼子の　遊ぶ聞けば　この世のものは　はやあはれなり

——斎藤茂吉

位山　あとをたづねて　のぼれども　子をおもふ道に　なほ迷ひぬる

——土御門内大臣

おろかなる　父もわが子を　おもふとき　とやせんかくやせんと煩ふ

——吉井　勇

子どもらは　子どもらしかれ　猿真似の　物真似をして　大人ぶるなかれ

——若山牧水

子を思ひ　思ふ心の　ままならば　その子に何の　罪をおほせむ

——良寛

子どもらの　たはむれ言こそ　うれしけれ　寂しき時に　我は笑ふ

——島木赤彦

悪しき名は　子等がためにも　遺さじと　念ぜし父に　ならはぬや誰れ

——与謝野鉄幹

3章

興味が、子どもをどんどん成長させる

――育て上手とは、意欲づくりにかかっている

53 「押しつける時期」と「興味に訴える時期」はしだいに交代する

いままでのところで、二、三歳ぐらいまでのいわゆるパターン時代には、子どもにうむをいわせず、お母さんがいいと信じたものを繰り返し与えることの必要性をお話ししてきました。まだ何の好き嫌いもなく、白紙状態の赤ん坊には、好ましい〝好き嫌い〟を身につけてもらうためにも、こうした機械的で生理的、ある場合には動物的といってもいいような繰り返し刺激が、ひじょうな効果をあげることもよくおわかりいただけたと思います。まだ好き嫌いもないのですから、いやがったり反発したりすることもなく、乾いたスポンジが水を吸うように、何もかも吸収してしまうのがこの時期です。

しかし、こうしたまったくの赤ちゃん状態からすこしたつと、そうした繰り返し自体にも、受け入れやすいものとそうでないものの違いが出てきます。これは、わずかずつですが、赤ちゃんにも自分というものができてくるからです。もちろん、この時期の子どもでも、母親がいいと思ったもの、与えたいと思ったものを与えることに変わりはないのですが、その与え方に工夫がいるようになってくるということです。お母さんが意図してつくりあげた好き嫌いや興味のほかにも、お母さんの知らないところで子どもがいつのまにか身につけた好き嫌いもあるでしょう。それが、とりもなおさずその子の成長のしるしなのですが、そうなれば、単なる押しつけや単調な繰り返しだけでは飽き足りなくなってくるのは当然です。たとえば、まえにもお話ししたトーキングカードも、二歳半ごろの子どもは、いつまでも飽きもしないで繰り返し楽しみますが、三歳、四歳になると、〝いつまでも〟というわけにはいきません。旺盛な好奇心に加えて行動力も出てくるこの時期の子どもは、一時たりとも一カ所にとどまっていないのです。

このように、自分の興味に従って行動し、興味のないものにはすぐ飽きてしまう、という自分の意思をもつようになった子どもには、またそれなりの接し方が必要です。もちろん、この本の最初のところでもお話ししたように、ある日あるときから急にこの時期に切りかわるわけではありませんが、0歳から一歳、二歳の子どもと、三歳、四歳と成長した子どもとでは、明らかに異なった考え方をもって接しなければならないと思うのです。

つまり、しつけにせよ能力の開発にせよ、うむをいわせない繰り返しによって、赤ん坊の頭脳にそれを焼きつけていく一方で、しだいに芽生えはじめる興味とか好き嫌い、子どもなりの意思といったものを考えに入れ、それらをうまくコントロールしながら、あくまでも親がいいと思うもの、与えたいものを与えていくことが必要なのです。この章では、こうして芽生えた子どもの興味を示す能力にいかに訴えて、子どもを伸ばすかを考えてみたいと思います。

54 押しつける時期にも、すでに好奇心の芽生えはある

私はまえの項で、「押しつける時期」と「興味に訴える時期」の区別ということを申しました。しかし、この「押しつける時期」に、「興味」はまったくないのでしょうか。もちろん、いままで繰り返してきたように、0歳からしばらくのあいだは、理屈抜きにとにかく押しつけてしまっていい時期なのですが、ある時期から突然、興味や好奇心が起こってくるのではなく、この時期にも、興味や好奇心の芽生えのようなものがあることは、知っておいていいと思います。

たとえば、生まれて一日目の赤ん坊などは、ふつう目が見えないなどといわれていますが、まえにもお話ししたアメリカの心理学者・ブルーナー博士によれば、この新生児でさえ、特異なものに対しては視線を動かすことが実験結果に出ているといいます。たとえば、生まれて一日目の赤ちゃんに、ただの白紙を見せて、その視線を追ってみると、その焦点はどこと定まらないのですが、三角形をくっきりと描いた紙を見せると、赤ちゃんの視線

がその頂点付近に集まることが認められたといいます。また、漠然とものを見てつかもうとするような動きをするときに、その動作を詳しく分析してみると、その動きから、遠くにあるものと近くにあるものを区別した動作をしていることがわかったそうです。

こうした実験以外にも、私たちは、赤ちゃんが、光るもののほうへ視線を動かしたり、物音で顔を動かしたりすることを知っています。こうした、刺激に対する反応だけで、すぐその子の好き嫌いや興味の有無を即断することはできませんが、少なくとも、生まれたばかりの赤ちゃんにも、好奇心のようなものがあることだけはわかります。この生理的ないしは動物的な反応が、ひいては、興味や好き嫌いにつながっているであろうことは容易に想像できます。

もちろん、まだこの程度の好奇心では、それを、積極的に何かを教えたり訓練したりするときに有効に利用するところまではいかないでしょうが、さまざまな刺激の中で、赤ちゃんが反応しやすいものに注意を払う必要はあると思います。最初は、何を聞かせても反応一つ示さなかった子どもが、ある日、毎日聞いていた音楽に何らかの反応を示すとき、それは、興味や好き嫌いのごく最初の芽が出はじめたといってもいいのです。

したがって、「押しつける」方法と、「興味に訴える」方法は、つねにどちらか一方だけというのではなく、一方が減れば他方がふえるという、グラフに描けばX字状に交差する関係で、すこしずつ比率を変えていくと考えていただいたほうがいいと思います。興味がなくても反発はしないのが「押しつける時期」の特徴ですが、その意味で、もし好奇心や興味の片鱗が見えたら、十分それに応えてやる必要はあるわけです。

55　子どもが興味を示しているときには、中断しない

「押しつける時期」にも注目していかなければならない、子どもの好き嫌いや意思の片鱗は、まず、快、不快の反応になって表れます。おなかがすいている、おしめが濡れているといった生理面の変化には、どんなお母さんも敏感に対応しますが、不愉快だ、快いといった精神面の変化に意外に気づいていないことが多いようです。

たとえば、生まれてから二、三カ月すると、赤ちゃんはリズムに対してはっきりした反応を示すようになります。自分の気にいったリズムが耳にはいれば、手足をバタバタさせて〝快〟の表情を示すかと思えば、自分の気にいらない音楽が聞こえてくれば、不快になって泣きだすといった反応を示すことも少なくありません。私の知人に一歳になる赤ちゃんがありますが、その子は大のクラシックファンで、クラシックを聞いていればご機嫌な

のに、ジャズが聞こえてくると、とたんにワーッと泣きだすそうです。

この赤ちゃんの、〝意思〟に気づかないと、せっかく興味を示していることを赤ちゃんから奪うことになり、精神面の成長に悪い影響を与えることにもなりかねません。ところが世のお母さん方は、なぜ赤ちゃんが手足をばたつかせているのか、なぜ急に泣きだしたかにあまり注意を払っていないのです。そのため、母親の都合だけで、赤ちゃんが興味を示している音楽を中断したり、嫌いな音楽を無理強いしたりして、せっかくの成長の芽をつみ取ってしまっているのです。

ことは、音楽だけにかぎりません。赤ちゃんが何かに興味を示しているのに、おむつを取りかえる時間だから、授乳の時間だからといって、興味を中断させることもあります。言葉がしゃべれれば、「もうすこし待って」というところでしょうが、それができないために手足をバタつかせて、精一杯の意思表示をしているのです。オモチャ遊びに熱中しているときに、客が来たからとオモチャを取りあげれば、赤ちゃんはそのオモチャに対する興味を半減させてしまいます。興味こそが、子どもの能力を育てる最良の栄養剤であるとすれば、どんなに食生活などに細かな注意を払っても、精神面での〝栄養失調〟は、興味に対する中断から起こる恐れがあります。

おむつの取りかえにせよ授乳にせよ、母親が子どもに何かの働きかけをするときは、そのときの子どもの状態をよく観察し、少なくとも興味を中断させないような配慮が必要です。そのもっともよき観察者はいうまでもなく母親であり、手足をバタつかせたり、泣いたりするという〝赤ちゃんの言葉〟は、母親以外に読み取ることはまず不可能といってよいでしょう。

積極的に興味を育てることの重要さと同時に、マイナスの働きかけが赤ちゃんにとってどんなに悪影響を残すか、ぜひ知っておいてもらいたいものです。

56 幼い子どもには、まず〝パターンオモチャ〟を与えよ

子どもは、大人が子ども用のオモチャと考えているもの以外のさまざまなものの中に、〝オモチャ〟を発見するとは、よくいわれることです。ひっくり返して脚を上に向けたテーブル、だれも使わない分厚い電話帳、お菓子の空箱から捨ててあった木材の切れはしにいたるまで、およそ子どものオモチャにならないものはないともいえるでしょう。子どもにとって、オモチャとそうでないものの区別はなく、むしろ最初からこうして遊ぶのだと決められている既成のオモチャより、そうでないものの中に自分が楽しめる要素、遊べる

部分を発見する頭脳活動を通して、創造性を養っていくのだといわれています。もちろん、既成のオモチャでも、結局は、子どもなりの楽しみ方で遊んでいるわけですから、この例にもれるわけではありません。

まえにもご紹介した高川格名誉本因坊から、おもしろい話を聞きました。高川さんの話によれば、ほとんどの子どもは、碁にひじょうな興味を示すといいます。しかし、それもいわゆるゲームとしての碁ではなく、まずは碁石そのものに強い関心を抱くというのです。高川さんのお孫さんなどは、ほかにいろいろと子ども向きのオモチャがあるのに、それには見向きもしないで高川さんが打っている碁石をさわりにくるのだそうです。

その子に碁石を与えて好きなようにさせておくと、じゃらじゃらと手ですくったり、こぼしたりして遊ぶだけでなく、黒白に分けたり、いろいろな形に並べたり、おはじきにして、オモチャ用にできたおはじきよりずっとおもしろそうに遊ぶなど、多種多様な楽しみ方をしているといいます。

これは、考えてみると、一理も二理もあることで、ほかのさまざまなオモチャの中でも、碁石ほど「パターン時代」の子どもに適した〝パターンオモチャ〟はないのではないかと思えるのです。一つひとつの石が、黒か白かで、大きさはみな同じという単純化された形をもっていて、並べることによって、新しくいろいろな形がそこに出現したり消えたりします。一つひとつの石は無個性ですが、そのためにかえって寄せ集めて新しい形を作るのに適しているのです。新しい形というのは、まさに一種のパターンです。子どもは、この碁石を自由な素材として、さまざまな想像活動を楽しめるというわけです。私が、碁石を子どもに最適の〝パターンオモチャ〟と呼んだのは、そのためにほかなりません。

こうした碁石遊びを通じて、碁石本来の役割である囲碁に興味をもつ子どもも出てくるかもしれませんが、ここでは、こうした視覚的なパターンを媒介にした遊びによって、数や量、形、造形といった、もっと幅広い頭脳づくりが可能になると思うのです。

57 子どもにとっては〝破れた障子〟も興味の対象である

むかしは、小さな子どものいる家といえば、障子は破れ放題、畳はしみだらけといった具合で、一歩足を踏み入れればそれとわかるのがふつうでした。ところが最近では、若いお母さんがきれい好きになったのか、子どもがいたずらをしなくなったのか、子どものいる家でもきれいに片づけられているのが当たり前のようになっています。

母親にとっては、整理整頓された部屋は快適な空間かもしれませんが、子どもにとって、果たしてそれが快適な環境といえるでしょうか。

もともと人間は、足りない情報量を自らの目で補い、自分なりの意味を発見する才能に恵まれているといわれています。その典型がむかしから伝えられている「かくし絵」で、何げない白と黒の斑点の中から、人間の顔や犬の姿を見つけだしたりして遊びます。このように、ある対象を見て、自分なりの意味を発見する能力のことを、「パターン認識の能力」と呼んでいますが、この能力をもっとも身につけているのが、いうまでもなく幼児なのです。

赤ちゃんが生まれて最初のパターン認識をするのが母親の顔ですが、赤ちゃんは周囲にあるすべてのものを一つのパターンとしてとらえ、それに自分なりの意味を発見しながら自らの知的能力を発達させていることはまえの章で詳しくお話ししました。大人にはきたならしく見える〝破れた障子〟〝しみのついた畳〟も、その例外ではありません。おそらく子どもは、破れた障子から、大人の想像もつかないような意味を発見し、一種の知的ゲームをしているはずです。

その興味の対象を大人の感覚だけで、取り上げてしまっていいのでしょうか。とかく教育に熱心な母親ほど、危険だとか不潔だとかいって部屋の中を片づけたがるようですが、きれいすぎる部屋は、子どもの頭の中を空っぽにする空家同然なのです。すぐれた芸術家は、凡人では気のつかない形からインスピレーションを得るといいます。レオナルド・ダ・ビンチも、絵を学ぶ人に対する一つのヒントとして、つぎのような意味のことをいっています。「シミや石の混入で汚れた壁の上に、さまざまな形の山や河や風景や、人物の姿を発見することが、本能を増進させ、目覚めさせ、さまざまなアイデアを思いつかせる方法だ……」と。

ほかのだれよりもすぐれた芸術家である赤ちゃんにとっては、〝破れた障子〟〝しみのついた畳〟は、どんなオモチャよりも直感力を育てる対象であるかもしれません。それを片づけてしまうことは、赤ちゃんのつきることのない探求心や想像力の芽をつみ取ることにつながります。きれいに整頓された部屋よりも、散らかり、汚れた部屋のほうが、赤ちゃんにとってははるかに興味をかきたてられる対象であることはまちがいないでしょう。

58 興味は、つのらせてはじめて学ぶ原動力になる

日本におけるもっともすぐれた幼児教育論の一つとして、私がつねづね愛読している本に、木村久一著『早教育と天才』（玉川大学出版部刊）があります。とくにこの本で紹介

されている、ドイツの法学者カール・ヴィッテが十四歳になるまでに受けた教育の実践記録には、いろいろと教えられるところがあります。ヴィッテの父の書いたこの記録は、十九世紀はじめのころ公にされましたが、当時はほとんど注目されませんでした。早期教育は、子どもの健康をそこねるといった俗説が信じられていた時代でしたから無理もありませんが、こうした俗説が打ち破られるさまざまな科学的研究が進んできた現在、もっと見直されていいものだと思います。

「子どもの教育は、いかに早くても早すぎることはない」という信念のもとに、彼の父はヴィッテに、積極的に正しい言葉や知識をうえつけていきますが、その中で、読書を教えるときにおもしろい方法をとっています。父はまず、絵本などの内容をおもしろく話して聞かせ、「おまえが字を読むことができれば、こんなことはみんなわかるのだが」といって、幼い心を刺激しました。さらには、まったく話をして聞かせないで、「この絵の話はひじょうにおもしろいのだが、とても話をする暇がない」というと、幼いヴィッテは、何とかして字を覚えたいと、しだいに興味をつのらせ、教えるとスポンジが水を吸うように吸収したといいます。

私がこの記録に注目したのは、この本にもたびたび登場していただいている鈴木鎮一先生が、期せずしてこれと同じことを、幼児教育のうえで実践されているからでした。鈴木先生の教室では、母親に連れられてきた子どもに、最初からバイオリンを持たせることはしません。しばらくのあいだ、自分より小さい子も含めて何人もの子どもたちがレッスンをしているのを、黙って見聞きさせておくのです。

こうすると、まもなく、子どもは自分も弾けそうな気になってバイオリンを持ちたがります。しかし、先生はそれでもバイオリンを与えず、その曲をテープやレコードで聞かせたり、場合によっては音の出ないバイオリンで、姿勢や構え方といった基本を教えこんでしまうのです。こうして、三、四カ月すると、バイオリンを弾きたいという子どもの気持ちがますますつのってきます。そこではじめて、ちょうど引きしぼった弓から矢が放たれる瞬間に、バイオリンを持たせるのです。

このように、単に興味を感じただけでなく、興味をつのらせてから始めた子どもの進歩は、目を見張らせるものがあります。鈴木先生の教室の二、三歳の子どもが、むずかしい曲を楽々と弾きこなし、世界中の人々から奇跡と呼ばれる成果をあげているのも、その秘密の一端は、じつはこうして興味をつのらせる指導法にあるのです。

59 意欲づくりのうまさが、育て方のうまさにつながる

前項で私は、小さな子どもでもそれなりの意思があり、興味こそ知的能力を育てる促進剤であることをお話ししました。もちろん赤ちゃんの興味と母親の興味は異なっており、赤ちゃんが示す関心事に、単純だとかばかばかしいとかいって目を向けなければ、せっかくの促進剤が抑制剤になりかねません。小さな子どもに興味をもたせるテクニックの一つとしてむかしからいわれていることは、「叱るよりほめよ」ですが、これがまた、いうは易く行うは難いことで、そのために親はさまざまな苦労を強いられています。

実際、叱ることよりもほめることのむずかしさは、私自身、日々の仕事の中で痛感していることですが、経営学でいうところの〝モラール〟も、つまるところは、社員に対する経営者の意欲づくりにあるといえるようです。こんなことをいうと、世の親から子どもと大人とをいっしょにするなとお叱りを受けるかもしれませんが、意欲づくりのうまさこそ、子育て、社員育ての極意だと私は考えています。

叱るにせよほめるにせよ、問題はその手順にあります。ほめてから叱るか、叱ってからほめるか、ほめっ放しにするか、叱りっ放しにするかによって、子どものものごとに取り

組む意欲には大きな違いが出てきます。あとの二つは論外としても、子どもの意欲を育てるには、〝ほめてから叱る〟ことに尽きるようですが、たいていの親は欠点ばかり目について、どうしても叱ることが先になりがちです。

その点でいつも私が感心させられるのは、鈴木先生のほめ方、叱り方のうまさです。鈴木先生はどんな場合でもまず「なかなかいいよ」とほめたあと、「悪いところを除けば」という表現を使っています。こういわれると、子どもはほめられたことが強く印象に残り、〝悪いところ〟を指摘されてもそれを素直に受け取り、悪いところを自らの意志で一生懸命除こうと努力するようになるのです。母親からあれも悪い、これも悪いと指摘されれば、悪いことだけが強く印象づけられ、あとでつけたしのようにほめられても素直に受け取れないのは当然です。要は、叱ることが先かほめることが先かなのです。

鈴木先生は、意欲づくりのうまさが子どもの能力に比例することを指摘しておられますが、どうも母親というものは感情が先に立ち、興味をもたせるという点がおろそかにされているように思われます。いったん興味をもてば、その興味は幾何級数的にふくらんでいくのが幼児期の特色です。いちど、鈴木メソードを応用して、たくさんのことをほめておき、ほんとうに叱りたいことを一つだけ最後につけたすという方法を試してみたらどうでしょう。

60 〝～嫌い〟は、親の無責任な言葉から生まれる

ヨーロッパの幼稚園には、トイレにかならずお湯の出るお尻洗いが備えつけられているといいます。小さな子どものことですから、ときには〝そそう〟をすることもあり、それが友人に知られたら子どもが恥をかくのではないかという配慮からです。

恥といえば、大人の感覚に聞こえるかもしれませんが、しだいに自分というものができてくるころの子どもほど、恥に対して敏感に反応するものはないのです。私の知人のお子さんは、他人のいる前では絶対にトイレに行きませんでしたが、その原因は、三歳のときに〝そそう〟をし、それを親から人前で指摘されたためだといいます。親は何の気なしにいったのでしょうが、その言葉が小学校にはいるまで暗い影を落とし、トイレ嫌いを直すのにたいへんな苦労をされたそうです。こうした例は枚挙にいとまがなく、子どもの〝～嫌い〟は、幼児期における大人の心ない言葉によって形成されたといってもけっして極論ではないでしょう。まえにもご紹介した土井芳子さんからも、こうした例をいろいろお聞きしたことがあります。

たとえば、土井さんのご次男が幼児時代、絵を勉強していたときのことです。絵の先生から、「この絵はなんだ」といわれ、以来すっかり〝絵嫌い〟になってしまい、小学校、中学、高校、大学と、二度と絵筆を持とうとしなかったというのです。

また、幼稚園きっての広い音域をもっているのに、全然、歌を歌わない子どもがいたので、不審に思って土井さんはその原因を調べてみました。その結果わかったのは、その子が二歳のとき、家族のまえで歌ったところ、一杯機嫌の父親が、「この子は音痴だ」といった言葉が原因だったということです。母親の〝証言〟によれば、それ以来、その子は歌を忘れてしまったというのですから、父親の何げない言葉が、その子を〝音楽嫌い〟にしてしまったといっても、けっして的はずれではないでしょう。

このように、親や周囲にいる大人たちの何げない言葉が、子どもたちから音楽、絵画、スポーツをはじめ、せっかく芽生えかけた興味を失わせ、音楽、絵画、スポーツに対する喜びを奪ってしまうことがあります。プラスの興味を育てることに意を注ぐ親でも、マイナスの興味を育てていることを忘れていることは、往々にしてありがちです。この点については、私たち大人はあまりにも無神経ですが、これは精神分析学の祖であるフロイトがとうに指摘していたことです。

白紙の状態でこの世に生まれてきた子どもの能力の発達は、一つには、親の意欲づくりにかかっていますが、その意欲を積極的に育てるには、ほめることと同時に、どんなことでもけなさない、という配慮がとくに望まれます。言葉の意味もわからない子どもだからという親の不注意さが、子どもの将来に暗い影を投げかけることは、けっして稀ではないのです。

61　子どもに〝命令〟は禁物である

私は、つね日ごろから、母親の手本の一つは美智子皇后陛下だと尊敬し、私の教えられたことを人にも話しています。というのは、お子さまをいい子にお育てになろうという意欲をもっておられ、そのためのご努力をつねに欠かさなかったからです。厳しくされるときは厳しくされ、お子さまの意思を尊重されるときは尊重される皇后様の〝幼児教育〟は、ぜひ世のお母さん方にも見習ってほしいものです。

先日も、皇太子殿下のご養育係を務められた緒方安雄さんから、わが意を得たりというエピソードを聞きました。緒方さんが、夕方におうかがいしたところ、皇后様から「緒方さん、ナルがお風呂にはいるからちょっときてみてちょうだい」と言われたのだそうです。

ナルとはいうまでもなく、殿下のご幼少のころの愛称ですが、そのときはちょうど殿下が二歳ぐらいのときだったといいます。

皇后様はお風呂にはいろうとする殿下に、「シャツはどこへ入れるの?」「そのつぎはパンツよ」「靴下はいちばん上にのせて」といった具合に、お一人で全部おさせになったというのです。私は、この話を聞いて、幼い皇太子殿下がお母様のおっしゃられることを素直に聞いた理由がよくわかりました。この会話からもわかるように、けっして命令形を使わず、〝依頼〟の形をとって、お子さまの自主性を尊重するように細かなご配慮をしておられるのです。

直接的な命令の形をとるにしろ間接的な依頼の形をとるにしろ、親の立場からすればこうしたいい方は、子どもに対する一種の強制に変わりはありません。しかし、それを受ける子どもの立場からすれば天と地ほどの違いがあるのです。

命令されれば反発することでも依頼されれば耳を傾けるというのが人間の心理ですが、子どものやる気を育てるためには、自ら進んでやったという依頼の形をとるのがベストなのです。このケースでは、たいていの親は、おそらく「シャツはカゴの中に入れなさい」と命令するでしょうが、じつはこの命令が子どもの自主性を奪い、依存心を強める原因をつくっているのです。結果的にはどちらの形をとるにしても、ぬいだシャツはカゴの中に入れるでしょうが、その後の教育効果を考えれば、文字どおり雲泥の差があります。皇后陛下がすぐれた幼児心理学者だと評されるのも、このへんの機微をよくご研究になり、それを実践しているからにほかなりません。

世の親は、子どもに命令するのは親の権利の一つくらいに考えているようですが、命令によって行動することは、子どもにとって欠かせない興味を行動から奪うことになりかねません。いつでも命令されている子どもは、命令されなければ自分では何もできなくなってしまうのです。

62　子どもがやったことには、評価よりも喜びの言葉を与えてやる

子どもの意欲を失わせる原因の一つに、母親が子どもに与える評価のしかたがあります。母親は子どもの描いた絵を見ると「うまいわね」とか、子どもの歌を聞いて「へたね」という言葉をすぐ使いたがりますが、いい評価が意欲を育て、悪い評価が意欲を失わせるのではなく、評価自体が意欲を失わせる原因になっていることが多いのです。

子どもにかぎらず、だれでもほめられれば悪い気持ちはしないものですが、母親の〃お

世辞〟を直感的に見抜く能力を、子どもほどもっているものはありません。子どもの意欲や興味を育てるには叱るよりほめよとよくいわれるせいか、子どものやったことを何でもほめればよいと考えている母親も少なくありません。絵を描けば「上手ね」、歌を歌えば「うまいわね」と、ほめさえすれば子どもが伸びると思っているようですが、子どもは鋭い直感力で、それが母親の〝お世辞〟であることを見抜いてしまっているのです。

こうしたほめ言葉は、子どもの頭にほめられることは当たり前のように考える配線をつくり、ほめられなければ何もしない子どもをつくる恐れがあります。ほめられなければ満足しない子どもに、進歩はありません。かといって、何をやっても大人の尺度で子どものやることを評価し、けなしてばかりいれば、子どもは自信を失いやる気も失うでしょう。

私がいいたいのは、子どものやることに正しい評価を下し、ほめるべきときはほめ、叱るときには叱れというのではありません。私がつねづね気にかかっていることは、なぜ母親は、自分の子どものやっていることに自分なりの評価を与えないと満足しないかという点です。子どもがほんとうに母親からいってほしいのは、うまい、へたという評価よりも、「よかった」という母親の喜びの言葉なのです。うまい、へたにかかわらず、子どものやることを母親が喜ぶことこそ、子どもの意欲を高める何よりの促進剤になるのです。

この喜びの言葉に、子どもは素直に反応を示し、自分のやっていることに喜びを感じるはずです。ほめ言葉も、たしかに子どもの意欲を育てるでしょうが、そこに〝お世辞〟がはいっては逆効果になってしまいます。私は、子どものやっていることに母親自身が喜びを感じ、「よかったね」と素直に喜ぶことが、もっとも正しい〝評価〟だと思っています。

子どもの意欲づくりには、つとに定評のある鈴木鎮一先生も、同じ意味のことをいっています。鈴木先生は、子どもがどんなにひどい演奏や乱暴な弾き方をしても、けっして「うまかった」とか「へただった」とかいう評価を与えません。鈴木先生が弾き終わった生徒に与えるのは、「よく弾いた、よく弾いた」という喜びの言葉だけです。

そこで子どもはたいへんうれしそうな顔をしますから、こんどは自分で手本を示し、「こんなふうに弾けるかな」と、いっしょに弾き、ついで一人で弾かせるという指導のしかたをしています。こうして子どもは、自分の意欲でバイオリンに取り組み、まえにもお話しした〝悪いところ〟が自然に矯正されて、いつのまにか正しい演奏ができるようになってしまうのです。

ある日、鈴木先生の指導ぶりを見ていた母親の一人が、こんな質問をぶつけたことがあります。「先生は日ごろから、子どもにお世辞は通用しないといっています。それなのに、あの子のひどい演奏をよく弾いた、よく弾いたとほめてくださいました。たとえうそでも、子どもにはほめ言葉が必要なのでしょうか」。

これに対して鈴木先生は、こんな答えをしていました。「私はけっしてうそはいっていません。弾けといっても、いやといって弾かない子どももいるのに、あなたのお子さんは素直に弾いてくれました。だから私は、よく弾いた、よく弾いたと、弾いたことを素直に喜んだだけで、べつにうまいなどとほめたりはしませんでした。今までおそらく、ちょっとでも弾けばすぐ小言ばかりいわれていたのでしょう。それなのに、私から〝よく弾いた〟といわれてびっくりし、弾くことがいっぺんに楽しくなったのでしょう。うれしそうでした。子どもの意欲を失わせないためには、子どもの心を傷つけないことです」。

同じほめるにしても、やったこと自体をほめるのと、やった結果をほめるのとでは大きな違いがあります。

母親は、とかく結果だけをほめさえすればいいと錯覚しているようですが、ほめてやらなければならないのは、子どものやったことそれ自体なのです。

結果をほめることは、その中に当然母親の評価が含まれますから、子どもは知らないうちにほめられることを目的にしてしまい、つねに評価ばかりを気にするようになります。

やったことを喜び、ほめることは、どの子に対しても、どの親もいちばん簡単にできることです。

私がいま学校教育でいちばん問題にしていることも、この〝評価主義〟なのです。

63 興味をもたせるためには、いい意味の〝だまし〟も必要

バイオリンを習わせるにしても、むずかしい漢字を覚えさせるにしても、それを実際にやるのは子ども自身です。いってみれば、進歩のカギは子ども自身の手に握られており、自発的にやろうという意志こそが、自らもっている才能を伸ばし、頭脳を開発させる跳躍台になるのです。

たしかに、子どもは、親から与えられる刺激を抵抗なく受け入れる柔軟な頭脳をもっていることは事実ですが、生まれてから無数の刺激を受けているうちに、いやなものは受け入れないという頭脳もできてきます。無数の刺激の中からいい刺激を与えることは、親に課せられた最大の役割であることはこれまでお話ししてきたとおりです。と同時に、私がここで強調したいのは、その刺激を子どもが興味をもって受け入れるようにリードしていくことも、母親の大きな役割の一つだという点です。そのためには、ときにはいい意味の

〝だまし〟が必要になってきます。

ミルク嫌いの赤ちゃんには、ミルクを飲みたくなるような工夫がいるように、母親の与える刺激を受け入れたくなる工夫があってこそ、子どもの能力はどんどん開発されていくのです。その工夫は、ある意味では〝だまし〟になることもあるでしょう。たとえば、母乳を飲まない赤ちゃんに、母親の乳房の形をしたおしゃぶりを与えるのも、赤ちゃんに母親の乳房に興味をもたせるための一種のだましかもしれません。

先日も、前述の緒方安雄さんとお話ししたことですが、「うちの子は食事を食べない、どうしたらいいですか」という母親からの相談が絶えないといいます。こんなとき、緒方さんは、「親のできることは食べさせることではなくて、食べるようにすることだ」と話すそうですが、食べたくないものはたとえ子どもでも、そのままでは食べることはしないでしょう。料理法を変えてみるとか、材料を工夫してみるとか、盛りつけた色どりや形を工夫するとか、子どもが食べたくてしかたがないように仕向けることが母親の役割というわけです。その工夫をしないで、「うちの子どもは……」と嘆くのは、母親の怠慢といわれてもしかたがありません。

もともと〝だます〟という言葉は、いうことを聞かない子どもの気をひくようなことをいって、こちらの思うとおりにさせるという意味ですから、子どもに〝だまし〟は不可欠の要素かもしれません。よい母親、よい先生は、この〝だまし〟がじつに巧みで、いつのまにか母親や先生の思う方向に子どもの心を向けています。〝だます〟などというといかにも悪いことのように聞こえますが、悪い意味の〝だまし〟はすぐ子どもに見抜かれてしまいます。前項でご紹介した鈴木先生のやり方も一種の〝だまし〟かもしれませんが、それに子どもが乗るのは、工夫と同時に、何よりも、子どもの立場に立ってものごとを考える姿勢があるからに違いありません。

64　母親との〝一緒教育〟は、子どもの興味を増幅する

過保護教育や依存教育にならない、上手な子どもの教育法の一つを、私は〝一緒教育〟と命名して推奨することにしています。これは読んで字のごとく、母親と子どもが、テレビもいっしょに見、絵もいっしょに描くというやり方です。

このヒントを与えてくれたのは、朝日新聞で「クリちゃん」を連載されていた漫画家の根本進さんです。根本さんには、私どもの幼児開発協会で絵の指導をお願いしていましたが、根本さんは展覧会などがあると、母親と子どもに同じ題を与え、別々に絵を描かせる

というユニークな指導法をとっています。母親が子どもの絵を手伝うというのが一般的ですが、これでは子どもの依存心を育てるだけで、母親がいなければ何もできない虚弱児になる恐れがあります。

根本流の指導法の特徴は、同じ絵を親と子に別々に描かせることによって、母親をまずエキサイトさせることにあります。母親が一所懸命に絵を描いていると、不思議なことにそれが子どもに伝染し、いままでつまらなそうに絵を描いていた子どもが、がぜんハッスルしだすのだそうです。子どもにとってもっともたいせつな存在である母親が何かに熱中していれば、子どもも無関心でいられなくなるのは、考えてみれば自然の成りゆきかもしれません。おそらく、一所懸命に絵を描いている母親の姿は、子どもにとって何よりの励ましになるのでしょう。

私のいう〝一緒教育〟とはこれと同じで、テレビを見るにせよ、音楽を聞くにせよ、絵を描くにせよ、いっしょに、しかも、母親は子どもにかまわずに一所懸命におやりなさいということです。その意味では、〝一所教育〟と呼んだほうがいいかもしれません。ここが、過保護教育とも放任教育とも違うところで、こうしたやり方によってこそ、子どもは自主的に自らの興味を育んでいくことができるのです。

ある幼稚園の先生の経験でも、先生がいっしょにテレビを見ている場合とそうでない場合とでは、テレビに対する集中力がひじょうに違うといいます。先生が別のことをやり、園児にテレビを見させておくと、しだいに子どもの興味は薄れ、きまってケンカやいい合いが始まるのだそうです。先生が一所懸命見ているから、母親が熱心に聞いているからというだけで、子どもの興味のもち方が違うのですから、先生や母親の存在は、やはり子どもにとってはそれだけ大きいのでしょう。子どもに興味をもたせるには、などと大上段に振りかざすと、いかにもむずかしいことのように受け取られがちですが、子どもは、母親がいっしょに同じことをやっているというだけで意欲をもつのです。テレビの幼児番組一つでも、子ども一人だけで見させず、母親が子どもといっしょに、一所懸命に見てほしいのです。

65　子どもが興味をもっていることには、母親も関心を示すこと

いまさらいうまでもなく、子どもは自分なりの世界をもち、そこで自由に遊びながら成長していくものです。私たち大人にはどんなにつまらないことに見えることでも、それを熱心にやっている子どもには、一つの大きな仕事をやりつつあり、そのことが何ものにも

代えがたい糧《かて》になっているのです。

ところが、子どもがやっていることを、いかにもばかげたことをやっているというような顔で眺めている母親がいるのですから、驚かざるをえません。前項でもお話ししたように、母親がいっしょにやることが子どもの励ましになると同時に、子どものやっていることに母親が関心を示すことが子どもの成長をうながすのです。といっても、無理に関心を示せというのではありません。よく、私はクラシック音楽は嫌いなのですが、子どものためにはクラシック音楽を聞かせなければいけないのでしょうか、といった質問を受けます。しかし、母親の嫌いなクラシック音楽に子どもは興味を示すでしょうか。

かりに、クラシック音楽が子どもにいい影響を与えるとしても、それに母親が嫌な顔をしたら、むしろその顔が子どもに悪影響を与え、けっしてクラシック音楽を好きにはなりません。もともと、子どもがあることに興味をもつのは、母親の影響を受けているためなのですから、子どものやっていることに関心がないなどということはありえないはずです。子どものやっていることがばかげて見えるのは、大人の感覚から子どもを見るからで、冷静に自分を振り返ってみれば、そのばかげたことを、いつか、どこかできっとやっていたに違いありません。

子どもの世界に無断ではいりこむことは、子どもに興味を強制することになりますが、無関心は逆に子どもの興味を半減させることになります。母親がとるべき態度は、子どもの世界の周囲にいて、子どものやっていることを注意深く見守ることにあるのではないかと私は思っています。子どもに無理に刺激を与えなくとも、あるいはどんなに無関心であっても、子どもは母親から受ける刺激を拒むことはできません。だとすれば、子どものやっていることに関心を示し、子どもを励ましてやるほうが、どれほど子どものためになるかわかりません。

関心を示せといっても、無理は禁物です。母親が好きなことは子どもも好きになるのですから、子どもの〝やり方〟がいかにばかげて見えても、それは子どもの成長の一つのプロセスなのです。温かく見守る母親の顔は、どんな言葉にも勝る励ましの言葉です。どうせ赤ちゃんのやることだ、子どものやることだと一段高いところから見下ろせば、むしろ子どものほうから〝子どもじみた親〟だと思われるに違いありません。

66　飢餓状態に置いてこそ、子どもは自発的に学ぶようになる

一九七六年にイランのテヘランで、文盲を退治するための会議が開かれたことがありま

す。私も招かれてその会議に出席しましたが、結局は、生まれたときから子どもに働きかけなければ文盲はなくならないという結論に達し、おおいに意を強くして帰ってきました。席上、まえにもお話ししたトーキングカードという機械をお見せしたところ、各国の代表からひじょうな注目を集めました。

小さな子どもたちは、これをオモチャと考え、遊んでいるうちに自然に、字や言葉になじんでいきますが、子どもに字を覚えさせるには、単なる繰り返しでなく興味をもたせるという働きかけが必要になります。この機械はそのための工夫であり、各国の代表が関心を示したのもその点にあったようです。

いささか話が宣伝めいてしまいましたが、私がここでいいたいのは、日本の母親はこの働きかけをしすぎているのではないかという点です。言葉をかえていえば、与えすぎといってもいいかもしれません。

たとえば、このトーキングカードを例にとってみますと、二十人の子どもに一台の機械を与えた場合と、一人の子どもに一台ずつ機械を与えた場合とでは、機械に対する興味のもち方がまるで違ってきます。前者のケースでは、自分のところに順番がなかなかまわってこないので、早く機械をいじってみたいという欲求が高まってきます。そこに順番がまわってきますから、それこそ真剣に機械をいじりまわし、なかなか手放そうとしません。後者のケースは、いつでも機械に触れることができますから、機械に対する興味も薄くなり、すぐ飽きてしまうという現象が見られます。

当然のことながら、前者のほうが早くたくさん字を覚えるという結果も示しています。私のいう〝働きかけすぎ〟とは、オモチャでも教育機器でも、あるいはスキンシップにしても、子どもがほしがるまえに先に与えてしまう傾向を指していることはいうまでもありません。鈴木先生の指導法のように、ほしくてほしくてたまらなくなってから与えるのではなく、子どもの欲求を先取りし、これでもかこれでもかと与えてしまうのが日本の母親の欠点だと私は思っています。

もちろん、どんなものでも親が与えなければ子どもは手にすることはできません。しかしこのとき親がよく考えなければならないのは、与えるまえにどうしてもほしくなるという、欲求に対する〝飢餓状態〟を子どもの心の中につくってやってあるかどうかです。もし、それがなければ子どもは自発的に、積極的に学ぶようにはならないでしょう。

幼児教育にかぎらず、私は現在の教育問題の一つは、与えすぎにあると思っています。教育という言葉は、教える者が教えられる者に与えるというイメージを強くもっていますが、教育には与えないというやり方もあるのです。教育の大きな牽引《けんいん》力は、満ち足りないところにあり、そこから集中力も努力も生まれてくるのです。人間は満ち足りないからこそ、それを得ようと努力し、大きな仕事も成し遂げることができるといえましょう。子どもにも、この〝飢餓状態〟が必要なことはいうまでもありません。

満腹の状態ではどんなごちそうも食べる気がしないのと同じように、欲求に対する満腹状態は、成長しようという意欲を失わせることになります。子どもに興味をもたせるには、欲求に対する空腹状態を親がつくってやり、欲求を満足させる必要性を子ども自身に考えさせることも、大きな教育的意味があるのです。オモチャの山に囲まれた子どもは、それが当然のことと考え、欲求が満たされないときは自らの努力でそれを得ようとする工夫も努力も行えず、いつまでたっても一人歩きができなくなってしまいます。

与えることと同時に、与えないことも教育の一つであることが、日本では忘れられているのではないかと私には思われてなりません。たしかに、与えることよりも与えないことのほうがむずかしいことかもしれませんが、母親にはそれに耐える勇気が要求されているのです。オモチャがほしいといえば買ってやる、抱いてほしいといえば抱いてやることは、親にとってはいちばん簡単なことかもしれません。過保護とか甘やかしという言葉がありますが、それはけっして子どもだけに対する過保護や甘やかしではないのです。

子どもがほしくてたまらなくなるまでじっと待ち、〝飢餓状態〟が飽和点に達したときに与えるという忍耐力と勇気をもたない親は、自分自身を過保護にし甘やかしているといってても、けっしていいすぎにはならないでしょう。

何を与えるべきかをよく知り、子どもがそれをほしがるように仕向けることも、親のたいせつな役割なのです。これこそが、スパルタ式教育とも放任主義教育とも違う、ほんとうに子どものためになる教育の神髄だと私は思っています。

67　ほしいものが得られない体験をさせないと、意欲のない〝王様〟が育つ

最近の子どもには、母親を友だちのように思い、母親の権威《オーソリティ》を認めないという風潮があります。極端な場合には、母親を召使いか何かと考え、子どもが母親に命令し、それに従わない母親を叱りつけるといった光景もしばしば目にします。そのような母親にかぎって、「うちの子は聞きわけがなくて……」とこぼすものですが、「聞きわけのない子」を育てた責任が、当の母親にあることにまったく気づいていないのです。

前項でもお話ししましたように、どんなに小さな赤ちゃんでも、欲求に対する〝飢餓状

態〟におかれてこそ、自分で努力してそれを得ようとするエネルギーが生まれるのです。その欲求がすべて満たされてしまったら、子どもは努力することを忘れ、あたかもわがままな〝王様〟になったかのように振舞うのは当然でしょう。私は、赤ちゃんのときからほしいものは何でも手にはいるという育てられ方をすると、喜びを知らない、努力を知らない、親を尊敬しないという、三つの〝ない〟を身につけてしまうのではないかと恐れています。

人間はだれしも、努力してほしいものを手に入れることによって喜びを感じるものです。その喜びがバネになって、さらに高い目標に向かって努力しようという意欲が生まれ、進歩していくともいえます。「パターン時代」から幼児期を通じて、このことを体験させておかないと、自分の力で何かを成し遂げる喜びを知らず、依頼心の強い子どもになる危険があります。

そのうえ、他人から欲求を満足させてもらうことに慣れてしまうと、自分のやっていることや他人の価値を認めないわがままさが身につきます。努力して得たものと、他人から与えられたものとでは、同じものでも価値が違うのですから、何をしても、あるいは何をしてもらっても不満が残るのは大人も子どもも変わりはありません。すべての欲求が満たされることは、自分の欲求に価値を認めないことにもつながり、逆に欲求不満の状態になることもすくなくありません。

私がもっと恐れるのは、こうしたことによって母親の権威が失われるということです。欲求が満たされないと母親に不満をぶつけ、母親はオロオロしたり、子どもをこわがったりして、子どもの欲求をなんとか満たそうと努力します。それが母親の役割だと勘違いしているようですが、母親がなすべきことは、目標を与え、それを獲得するために努力する子どもの手助けをしてやることです。

母親に権威があってこそ、子どもは、より高いものを求めて限りなく続く努力をするのです。ほしいものを何でも与える母親は、それとひきかえに子どもの成長にとってもっともだいじな〝権威をもった母親〟を取りあげているのです。

68　子どもの〝なぜ〟を無視すると、子どもの好奇心は失われる

先日、あるホテルの屋上で、隣に座っていた母と子の会話を聞くともなしに聞いていて感心したことがあります。三歳くらいの子どもが母親に「ガラスはなぜ透きとおるのか」という質問を始めたのですが、母親はガラスの材料とかつくり方などについて熱心に答え

ているのです。なぜ透きとおるかについては答えに窮していたようですが、おそらくその子どもはガラスに対する好奇心をますますつのらせ、つぎの高い目標に向かって知的歩みを続けることでしょう。

もし、このとき母親が、「透きとおっているから透きとおっているのよ」と、答えにならない答えをしたら、子どもの好奇心はそこで断ち切られ、つぎの段階へ行く目標を失ってしまうに違いありません。たしかに、子どもの〝なぜ〟に答えることはたいへんむずかしいことですが、それに答えられるかどうかは別にして、子どもの〝なぜ〟をいっしょに考えることはできるはずです。この母親の態度が、子どもの興味を引きあげる原動力になるのです。

たとえば、電車はなぜ動くかと質問されたとき、たいていの親は「電気で動くんだ」と答えるでしょう。すると子どもは、なぜ電気で動くかと追い打ちをかけてきます。ここで、「電気で動くものは動くのだ」と、子どもの好奇心をシャットアウトしがちですが、モーターとか磁力とかいったことまで、親の知っている知識をフル動員して大まじめに答えてやることがたいせつなのです。こういうと、そんなことを子どもに話しても、理解できるはずがないという反論がきまって返ってきますが、子どもが理解できるかどうかは問題ではないのです。

子どもにとってたいせつなのは、母親が子どもの質問にまじめに答える態度です。その態度がおそらく子どもに伝わり、子どもは自分の出した質問が答えに価するものであることを知り、好奇心の輪はどんどん広がっていくことでしょう。安易な答え方、悪い意味の〝だまし〟は、自分の質問がまじめに取り組むべき問題ではないのかという失望感を子どもに与え、知的探究心はそれで終わりということになる恐れがあります。

ある大学の先生は、三歳の子どもの〝なぜ〟に、大学で講義でもしているように大まじめで答えることにしているといいます。子どものほうも、相手がまじめに答えてくれるためか、椅子にきちんと座って、最近の大学生よりも真剣に話を聞いているというから愉快な話です。

子どもとの対話では、すぐ〝理解しているかどうか〟が問題になりますが、子どもの〝なぜ〟に、子どもが理解するように答えることはまず至難の業といってよいでしょう。子どもにとって必要なのは、理解することではなくて、せっかくもった好奇心の種をだいじに育てるための親の努力です。それには、理解させようとするよりも、まじめに答えようとすることが先決なのです。

69 嫌がることを無理につめこもうとすると、性格にゆがみが出る

世に天才と呼ばれる人の中には、いわゆる変人、奇人と呼ばれる人が少なくありません。一つのことに没頭していると、他のことは目にはいらなくなり、世俗的な雑事にはかまっていられなくなるのでしょうが、性格的に問題があるというケースもよく見られます。そういう人たちの幼児期を調べてみると、一つの共通点があることに気がつきます。たとえば、楽聖といわれるベートーベンです。

ご承知のように、ベートーベンの父親は宮廷礼拝堂の楽士でしたが、たいへんな酒飲みだったと伝えられています。ベートーベンはこの父親に音楽的才能を認められ、四歳のときから、厳しい特訓を強いられました。その父親の頭にあったのは、幼児期から天才ぶりを謳《うた》われていたモーツァルトで、ベートーベンも七歳のときに公衆の前でピアノ演奏会を開き、世間にデビューしたのでした。伝えられるところによると、父親の指導ぶりは、特訓というよりも酒びたりによる狂気に満ちていたといいます。

後年、ベートーベンは耳の病気を自覚するにつれて極度の人間嫌いになりました。ゲーテの劇詞につけた「エグモント」を作曲したあと、彼は「永遠の恋人」に寄せる手紙を書

いていますが、あこがれの女性と結ばれることなく、生涯を独身で通しました。このベートーベンの不幸な一生は、幼児期における父親の影響とけっして無縁ではないでしょう。『パンセ』を書いたパスカルにも、同じ原因で同じような性格的な偏向が見られます。これらの事実は、「パターン時代」を過ぎた子どもに、無理な押しつけをすると、子どもの性格をゆがめる原因になることがあることを私たちに教えてくれています。

私は、この本でも「パターン時代」にはおおいに刺激を与えるべきだと主張しているわけですが、その与え方は子どもの成長をよく観察し、押しつけではあっても、無理強いにはならないように工夫すべきだと思っています。ある意味では、動物的、機械的な刺激の与え方をしても「パターン時代」にはスムーズに受け入れるともいえますが、それも無意識のうちになされるのが前提条件です。

その点、子どもを天才に育てようと熱心すぎる父親の教育は、押しつけ一点ばりになりがちで、子どもへの温かい愛情に欠けがちになります。十九世紀が生んだ、最大の数学者といわれるガウスは、レンガ職人の子どもですが、父親はけっしてガウスを天才的な数学者に育てようとしたわけではありません。ときどき仕事場に連れていかれたガウスは、レンガを積み重ねる父親の仕事を見ているうちに、ごく自然に数学的頭脳を開発されていったのです。

70　小さな子どもでも、プロジェクトを与えると必要なものに気づく

企業の世界ではよく、「プロジェクトチーム」という言葉が使われます。これは簡単にいえば、企業にとって必要なある目標を達成するために、あらゆる職場から出た人々が一つのチームをつくって、その目標を達成するための方法を考えようというものです。いわば、「目標管理」と呼ばれるものの一つですが、このような手法が使われるのは、社員一人ひとりの創意工夫を命令でなく、自らの積極的意志で生かそうというためです。

私はこの手法は、子どもの成長のためにもおおいに活用すべきだと思っています。つまり、母親は企業の経営者であって、子どもに目標を与えたら、それを達成するための手段は子どもの創意工夫にまかせよというわけです。たとえば、子どもの大好きな積み木を例にとって話を進めてみましょう。たいていの場合、積み木でお城をつくろうとするとき、母親は四角の積み木、つぎは長四角の積み木、ついで三角の積み木といった具合に、目標と同時にその手段までも子どもに指示しています。

こうしてできたお城には、子どもの思考はまったく生かされておらず、子どもは母親の

命令のままに積み木を積む単なる〝機械〟に終わってしまいます。いうまでもなく、子どもの成長にとって必要なのは、積む作業ではなく、どんな積み木をどのように積むかという思考です。その結果できたお城が、母親のイメージとどんなにかけはなれていても、問題ではないのです。たとえ三角の屋根のかわりに四角の屋根がのっていても、そのお城は、文字どおり、だれにもつくれない自分だけのお城なのです。

それどころか、ある高名な建築家の話によれば、子どもにあるプロジェクトを与え、その作業を見ているうちに、大人の発想では得られない貴重なヒントが得られるといいます。子どもは、与えられたプロジェクトを達成するために、困り抜き、考え抜き、自分でなくてはつくれない城を築くのです。そのプロセスが子どもの頭脳活動を刺激し、子どもを成長させることは想像に難くありません。そのだいじな思考過程を母親が指示したのでは、子どもは困り抜き、考え抜くという体験が得られず、いくら肉体的に成長しても、母親の指示がなければ何事も成しえないロボットになる恐れがあります。

フランスの思想家アナトール・フランスは、「子どもの将来にとって必要なのは、よい音楽、よい空気、よい牛乳だ」という言葉を残しています。よい音楽というのは、私がここでいうプロジェクトにほかなりません。プロジェクトという言葉には〝投影する〟という意味があり、子どもの成長は、まさに母親の子どもに対する投影の結果なのです。

71 学ぶのに、かならずしも〝まじめ〟は必要ない

日本人はよく、〝テンション民族〟などと評されます。仕事をするにもお酒を飲むにも、つねに一種の緊張感をもっていなければ気がすまず、外国人の目から見ると、いつ、どこでリラックスするのだろうかと、不思議に思えるということです。いわれてみれば、それがもっとも顕著に表出するのが、ビジネスの世界であり教育の世界かもしれません。

ビジネスの世界では、その緊張感、言葉を換えれば何ごとも完璧でなければ気のすまない〝まじめさ〟が、日本を経済大国に押しあげる原動力となった側面がありますが、教育の世界ではどうでしょう。「まじめに勉強しなさい」という言葉に象徴されているように、学習にもつねにまじめさが要求されるのが日本の習わしのように思われます。本は机に向かって正しい姿勢で読むもの、理解できなくとも百回読めば意は自ら通じるといった精神主義が、読書一つとっても色濃く反映されています。「三尺下がって師の影を踏まず」は、最近の若者にはさすがに通じなくなっているようですが、教室で先生の話を聞くときは、姿勢を正し、熱心にノートをとるのが、いまだに〝まじめな学生〟とされています。

そのまじめさが、もっとも過熱しているのがいわゆる教育ママです。子どもの勉強のために害になるものはすべてを犠牲にして、ひたすら子どもの教育に〝まじめ〟に取り組んでいるのです。〝まじめな母親〟は、子どもにも〝まじめさ〟をあくまでも要求しますから、まじめさはどんどんエスカレートしていき、ついにはどちらかが耐えきれなくなって脱落していく悲劇がいつまでたっても絶えません。

そのへんの機微を、いささかの皮肉をこめてユーモラスに描いたのが、城山三郎さんの『素直な戦士たち』（新潮社刊）という受験小説です。教育ママの執念によって、生まれるまえから受験戦争にかりだされる子どもと家族の悲喜劇は、それこそ他人事《ひとごと》ではありません。この小説では、まじめさのために押しつぶされた母子の悲劇がクローズアップされていますが、教育に、まじめさは不可欠の要件なのでしょうか。

日本では、〝よく学び、よく遊べ〟という言葉もあるように、学びと遊びが厳然と区別されています。しかし、私には、学ぶことと遊ぶことには、はっきり一線を引かなければならないような区別があるとはとても思えません。まして、幼児の教育においてをやです。たとえば、親はオモチャと教育機器を、遊びと学習の道具として区別して与えていますが、幼児にとっては、オモチャも学習道具であり、教育機器もオモチャの一種にすぎません。

子どもにとっては、興味のあるものが学習の道具であり、遊びながら自然に身につけたものこそ、子どもの血となり肉となるのです。遊びながら学び、学びながら遊ぶのが、ほんとうの教育であり、だからこそ、そこから得た知識は自分のものになるのではないでしょうか。先にご紹介したトーキングカードも、子どもにとっては単なるオモチャの新種にすぎないのです。一時間でも二時間でも、子どもがおもしろがって遊んでいるからこそ、子どもは自然に字を覚え、正しい英語の発音を身につけることができるのです。その意味では、トーキングカードのもっともよき理解者は当の子どもかもしれません。

振り返って考えてみれば、弓矢にせよ文字板にせよ、遊び道具はすべて教育機器であるという、歴史的、文化的背景をもっています、ということは、遊びにまじめさが必要でなければ、学習にもまじめさが必要でないことを意味しています。あるいは、まじめに遊ぶことが、ほんとうにまじめに学習していることになるのかもしれません。まじめと遊びが相反することだという意識がなくなれば、子どもは伸び伸びと成長し、親も自分の生活を犠牲にしてまでも、子どもをまじめに教育する必要を感じなくなるでしょう。

城山さんは、『素直な戦士たち』の後記で、『アメリカのありふれた朝』という小説を読んだ感想をつぎのように書いています。

「男の子を持つ中年夫婦の物語だが、夫はともかく、妻が子どもに対し、漠然というだけでなく、傲然とさえしている。このアメリカの母親の生活は、社交・ゴルフ・旅行などといったものを軸に回転し、精神的に病む息子に構わず、ひとりで外国旅行に出かけたりする。といって、このごろ日本で話題になるプレス型女房というものではなく、はっきりした人生観を持ち、息子に対しても、個人対個人として向き合う。息子の受験とかはほとんど眼中になく、家庭内での話題にもならぬ。息子は息子で、スポーツや友だちに生きがいを求める――これがアメリカのごくありふれた生活ということらしい。わたしの作品とくらべると、同じような年代、同じような家族構成にもかかわらず、あまりにも彼我の生活スタイルがちがうのに、わたし自身、あらためて考えさせられる思いがする」

72　抽象的な概念も、子どもを参画させて教えれば自然に理解する

私は、〝教育〟という言葉にあまり好感をもっていませんが、その理由は、ある事柄を教えるのに一つひとつを分析して、その意味をわからせようとしすぎるからです。意味をわからせなければ教育ではないというのでは、「パターン時代」に子どもを教育することはまったく無意味だということになります。しかし私は、意味がたとえわからなくとも、

与えられた刺激に対して子どもが生理的な受けとめ方をしさえすれば、それがやがては知識になり、自然に理解されるようになると考えています。それでなければ、外国の大人が理解できない難解な日本語を、どうして小さな赤ちゃんが何の苦もなくしゃべることができるようになるでしょうか。

有名なスイスの児童心理学者であるピアジェは、抽象的な概念は四歳くらいにならなければ理解できないと主張していますが、子どもはたとえ抽象概念でもそれをパターン化してやれば、生理的に受けとめ、しだいに概念として理解していくようになるのです。私にいわせれば、抽象概念をパターン化して子どもの頭脳に焼きつけることこそが、教育の本来の姿なのです。

話をわかりやすくするために、一つの例をとってお話ししましょう。母親が立っている姿と、横に寝ている姿は、どんな子どもでもわかることです。垂直、水平という抽象概念が理解できなくても、立っている姿が垂直であり、横に寝ている姿が水平であることは、子どもの頭にはパターン認識としてうえつけられているのです。垂直、水平という言葉は、あとで覚えればいいことで、ここで必要なのは、抽象概念をどのようにしてパターン化するかという工夫だけなのです。そのためには、紙に垂直線や水平線を引くよりも、母親自身が立ったり、横になったりすることのほうがおおいに〝教育効果〟があるのです。

アメリカの幼稚園では、体を使う、つまり行動によって抽象概念を経験させ、それを知識として体得させることに成功しています。たとえば、七という数字をイメージさせるには、平行棒の上に五人の園児をまず乗せておきます。すると、そこに乗りたがる園児が出てきますから、両端から二人の園児を乗せます。これが七ですよと教えれば、七という概念がたとえ理解できなくとも、平行棒の上に乗る園児がふえることは〝数〟がふえることを意味しているのだと直感的にイメージし、やがては一人乗れば一人ずつ数がふえていくことまでも理解するようになります。

小さな子どもには抽象概念が理解できないなどというのは、教え方の工夫がたりない学者の〝思いあがり〟にすぎません。私たちがこの幼稚園の指導法から学ばなければならないのは、子どもはどんなことでも、パターンとして把握することができるということであり、そのための工夫として、子どもを参画させて興味をつなぐことなのです。

73　遊びを拡大できないオモチャは、子どもの知的能力を発達させない

むかしから世界の子どもたちに親しまれてきたオモチャに〝積み木〟があります。積み

木は組み合わせのしかたによって、さまざまな空間をつくりだすことができるために、子どもの創作意欲をおおいに刺激するのかもしれません。才能教育研究会の田中茂樹さんも、積み木の特性として、「積み木は、物理的、形態的な法則性をもつために制約を受けるが、そのことがかえって、無限の可能性を生みだす」点を強調しています。

デパートのオモチャ売り場には、ブリキ製の自動車、汽車、人形といったものから野球ゲーム、ラジコンといった高級品まで、ところせましと並べられています。そこには、大勢の子どもたちが群がり、目を輝かせながら遊びに熱中しています。母親に連れられた子どもは、あまりのオモチャの洪水に押し流され、自分の気に入ったオモチャを発見できず、結局は母親の選択にまかせているのが実情のようです。

このように苦労して手に入れたオモチャなのに、子どもは家に帰ると、二、三回遊んだだけでもう飽きてしまい、せっかくの母親の苦心も水の泡になり、「うちの子はなんと飽きっぽいのだろう」と嘆かせることがすくなくありません。しかし、完成されたオモチャは、一度は子どもの興味を強くひきつけはしても、自分の参加する余地がすくなく、イメージがふくらまないために、子どもの興味をすぐ失わせてしまうのです。つまり、完成されたオモチャには、〝発見〟がなく、想像力を自由に発揮できる余地が残されていないいために、子どもの興味がふくらまないのです。

高価なオモチャにすぐ飽きてしまう子どもが、そのへんに転がっている木ぎれや石ころで熱中して遊ぶのも、自由に参加でき、想像力のおもむくままに、二次元空間、三次元空間を思う存分つくりだせるからではないでしょうか。

もし、オモチャに教育的意味があるとすれば、想像力を働かせ、新しい発見を体験させるところにあるといえます。逆に、このような意味をもたない教育機器は、単なる機械にすぎず、子どもにとっては、完成されたオモチャとなんら変わりのないものになってしまいます。

本来、オモチャとは子どもの暇つぶしのために与えられるものではなく、つねに教育的側面をもっているはずです。教育機器だとかオモチャだとかいって区別しなくとも、子どもの想像力をかきたて、それによって新しい発見を体験できるならば、一片の木ぎれもりっぱな教育機器だということができます。その体験を通して、子どもは自然に知的能力を豊かに発達させているのです。遊びを、子ども自身の興味によってどんどん拡大できないようなオモチャは、その意味ではすでにオモチャとしての機能を失っているとさえいうことができます。

74　遊びのプロセスを考えるのは、親でなく子どもである

子どもにとって遊びが、心身の成長をうながし、人間形成を行う重要な意味をもっていることはいうまでもありません。その遊びに親がどのような関わり方をするかによって、遊びの意味が失われたり、すばらしい教育の場になったりするのですから、親はもっと深い関心を子どもの遊びに寄せてもいいのではないでしょうか。

といっても、親がもっと子どもの遊びに干渉すべきだというのではありません。私がいいたいのはむしろその逆で、母親が子どもの遊びの意味を考え、子どもの自由を束縛しないでやってほしいということなのです。たいていの親は、オモチャを買い与えてやると、説明書に書かれているとおりの遊び方をしないと気がすまないようですが、親の役割はオモチャを与えた段階で終わっており、そのオモチャで子どもがどんな遊び方をしようと自由にさせるべきだと思うのです。どんな遊び方をするか、そのプロセスを子ども自身が考えるからこそ、子どもは遊びを通して自己を発展させていくことができるのです。

『都市の遊び場』を書いたハートウッド卿夫人も、遊びのプロセスに親が干渉すべきでないとして、「遊びを通して得る自己教育の機会を失うと〝自信〟とか〝自分の力を頼む欲

求〟とかをなくしてしまう」と述べています。前項でもお話ししたように、子どもは自らの意思で遊びに参画することによって、〝自信〟〝自分の力を頼む欲求〟を育てているのです。遊びの目的やプロセスにまで親が干渉してしまっては、子どもの選択の自由は失われ、遊んでいるというよりもオモチャに遊ばれてしまう結果を招くことになります。

私が、子どもの遊びに親がもっと関心をもつべきだというのも、そのへんのところをよく理解したうえで、遊びを通して子どもが自己発展していくようにリードしてほしい、ということにほかなりません。

ときには、与えられたオモチャをこわすことが、子どもにとっては遊びの目的なのかもしれません。それをこわしてはいけないと、手取り足取りして遊び方を教えたのでは、子どもにとってそのオモチャは何の意味ももたないことになってしまうでしょう。ものをたいせつにすることは、「パターン時代」に教えなければならない重要なしつけですが、遊びの場にそれをもちこまなくても、それを教える機会はいくらでもあるはずです。オモチャをこわすことに熱中している子どもに、それを禁止することは、しつけというよりも干渉と受け取られ、かえって人間形成のチャンスを失うことにもなりかねません。

東京大田区の東海道本線沿いに、「タイヤ公園」と呼ばれる公園があります。この公園は、ほとんどが砂場で、あとは古タイヤがあちこちに放置されているだけです。古タイヤを利用してつくられた怪獣やロボット、ピラミッド、ブランコなども置かれていますが、ここに遊びにくる子どものほとんどはこれらに見向きもせず、放置された古タイヤと格闘しながら、自分たちの遊びを考えだしているといいます。

つまりこの公園では、子どもたちに遊びの手段は提供していても、遊びの目的、プロセスは子どもの自由な選択にまかせているわけです。ここのところが子どもに人気を博しているのか、近くに完成された公園があるのに、わざわざ遠いこの公園まで足を延ばしてくる子どもが跡を絶たないそうです。ブランコ、スベリ台は、遊びの目的、プロセスまでも決められた遊び道具であり、ここには子どもの想像力を参加させる余地がほとんどありません。

私たち大人は、公園といえば、ブランコ、スベリ台、鉄棒などが備えつけられていなければいけないと考えがちですが、子どもにとっては、遊びの場と、そこにくる仲間がいさえすれば、目的やプロセスが完結された遊び道具など必要ないのです。この公園で遊んでいる姿を見れば、これが子どもの遊びの一つの典型であることが理解されるという人もいますが、それが正鵠《せいこく》を射た言葉かどうかの答えは、子ども自身が出しているといえるでしよう。

ある子どもは、「ここには夢がある」といったそうですが、その夢をつくりだしているのは、この公園をつくった大人ではなく、そこに遊んでいる子ども自身であることはいうまでもありません。

私は完成されたオモチャや遊び道具にも、それなりの意味があると思っていますが、その意味も、子どもが遊びを通して発見していくものです。その発見があるからこそ、子どもは遊びに喜びを感じるのではないでしょうか。

親が子どもにしてやれることは、手段や場所を提供してやることだけで、あとは子ども自身に考えさせるようにしないと、一人で遊ぶことすらできない子に育つ恐れがあります。遊びが子どもの心身の成長に欠かせないというのも、自己教育の場を子ども自身がつくることができるからにほかなりません。

75　子どもの興味の対象に優劣はない

むかしからの諺に、「隣の花は赤い」「隣の貧乏はカモの味」という言葉もあるように、とかく人間は自分と他人を比較し、一喜一憂したがるもののようです。他人のものは何でもよく見えてうらやましがるかと思えば、他人の不幸にひそかに優越感を感じるなど、〝他人〟の存在がなんとなく気になるのは人間の性《さが》なのかもしれません。

わが子もその比較の対象にはいるらしく、入学や就職のたびに喜んだり悲しんだりするどころか、赤ちゃんが生まれたときから、その比較競争は始まっています。あそこの家は男の子なのにうちは女の子だという〝ぐち〟は軽い冗談にしても、同じ誕生十カ月なのに、あそこの子はニギニギやバイバイをするのに、うちの子は全然しない。すこし知能が遅れているのではないかなどと心配するに至っては、いささか問題が残ります。

たしかに育児書などには、標準的な知能の発達過程が書かれていますが、それはあくまでも標準であって、それより早いから知能が進んでいる、それより遅いから知能が遅れているとはいえないのです。生まれたときから受けるさまざまな刺激の種類によって、赤ちゃんの興味の対象も違ってくるでしょうし、家族構成によって言語能力にも違いは出てくるでしょう。早い話が、クラシック好きのお母さんが毎日クラシックを聞いていれば、赤ちゃんもクラシック好きになる可能性もあれば、歌謡曲好きのお母さんが毎日歌謡曲を聞いていれば、歌謡曲好きになる可能性もあるのです。その事実から、あの子は芸術的才能があるとか、うちの子は芸術を理解できないなどと断定することはできません。

私が、赤ちゃんでもモーツァルトのアイネクライネがわかると申しあげると、それを標準と考えて心配したり喜んだりするお母さん方も少なくありません。もちろん、私がいいたいのは、アイネクライネがわかる赤ちゃんが優秀で、わからない赤ちゃんは劣っているということではなく、繰り返しの刺激によって、赤ちゃんでもアイネクライネがわかるようになるということにすぎません。ニギニギやバイバイを教えないで、さあやれといってもそれは無理な注文というものです。〝赤い花〟に育てるか〝白い花〟に育てるかは、文字どおり母親の育て方しだいで、赤い花と白い花を比較すること自体には何の意味もないのです。

重要なのは他人の赤ちゃんと比較することではなく、わが子をどんな子に育てるか、そのために母親はどんな努力をすべきかなのです。「隣の赤い花」を見る暇があったら、わが子がどんなことに興味をもっているか、その興味を上手に育てるにはどうすべきかを考えるほうが、はるかに赤ちゃんのためになることでしょう。

76　幼児教育の本質は「枠からはみ出す」ところにある

戦後の技術面、科学面におけるイノベーション（革新）には目を見張らせるものがあります。かつての人類が夢だと思っていた月世界探検が実現したり、地球の裏側のできごとを、家庭にいながらにして同時に見ることができるなど、イノベーションは私たちの生活をがらりと変えてしまいました。このような革新は、過去の技術や思考にとらわれることなく、既成の枠を取り払うところから生まれることはいうまでもありません。

企業の世界では、よく〝創造性〟が問題になりますが、創造性のないところに革新が行われないのは当然です。激しい企業競争を生き抜いていくために、どの企業も技術革新に血まなこになっていますが、その原動力となるのが創造性です。技術革新がつねに行われなければ、企業はその生存さえ危ぶまれるのですから、創造性がことさらに重要視されるのもうなずけるところです。そうした世界に生きている私には、目をひとたび教育に向けると、教育ほどイノベーションが行われていない世界はないように映るのです。

幼児教育を例にとってみても、赤ちゃんのときにいろいろなものをつめこんでみてもしかたがないといった考えが、いまだに大手をふって歩いています。そのくせ、子どもが独り歩きできるように成長すると、一所懸命につめこみ教育を始め、一定の枠の中に閉じこめようとするのです。革新とは、一種の挑戦《チャレンジ》のことですが、旧態依然たるシステムの上にあぐらをかいて、この挑戦を怠っているのが現状です。技術屋の私が、場違いの幼児教育に首を突っこんでいるのも、なんとかこの古いシステムを破るために挑戦しようと思ったことが一つの要因になっています。

私は世の母親にも、わが子の教育に挑戦していただきたいのです。私自身、とにかく人まねが嫌いで、つねに新しいことをやることに興味を感じていましたが、もともと人間には、枠を乗り越えたいという欲求が備わっており、そこに進歩の芽があるのです。「何もわからない子どもだから」という発想を親がもち続けるかぎり、子どもの頭脳や人間性を革新することは不可能です。私は、幼児教育の本質は、「枠からはみ出す」ところにあるとさえ思っています。

「子どもにいい音楽を聞かせてもわからない」「理屈のわからない赤ん坊にしつけをしても始まらない」といった具合に、いまの幼児教育はがんじがらめの枠の中に閉じこめられています。この枠を取り払い、広い世界を子どもに与えてやることができるのは母親をおいてほかにいません。既成の枠の中で育てられた子どもは、いまの学校制度の中では、答案用紙につねに正解を書くいわゆる〝優等生〟になるかもしれませんが、むしろ、私は、おもしろい問題を考えだしたり、新しい解き方を発見する人のほうが、これからの世の中には必要なのだと信じています。

あとがき

これで、私の申しあげたいことはすべてお話ししました。筆をおくにあたり、この本を最後までお読みくださったことに深く感謝いたします。

思えば、『幼稚園では遅すぎる』を書いたころは、大学紛争の余燼《よじん》もさめやらぬころで、いったい日本の教育は、大学は、どうなるのだろうかと、私も素人なりに考えたものです。大学をよくするには、高校の教育が問題だ、そして高校をよくするには中学校、中学校をよくするには小学校と、問題の根源はさかのぼり、ついには幼稚園、いや「幼稚園では遅すぎるのだ」という結論に達したのです。

この本を書き終わったいま、私の胸中には、また一つ新たな課題が芽ばえているのを感じています。それは、この本で幼稚園どころか三歳でも遅すぎるといったことと関係がありますが、人間の赤ちゃんにとって、ほんとうにもっとも決定的な時期は、極端にいって、生まれた直後の数日間、もっと極端にいえば、数時間ではないかということです。もちろん、それ以後のお母さんの温かい育み方によって、赤ちゃんは成長するのですが、生まれた直後の何らかの条件で、まさに取り返しのつかない影響が子どもの頭脳に与えられることは、しだいに科学的にもはっきりしてきているのです。

大学への疑問から始まった私の〝幼児教育探究の旅〟も、ついに0歳児、しかも誕生直後の時期からという〝極地〟にまで来てしまいました。考えてみると、問題の根源をさかのぼれば、ここまで来ることは、むしろ当然だったかもしれません。そして、来てみると、この〝極地〟は、名のとおりまったく未開拓の分野でした。もちろん、ある学者の表現をかりれば、人間の一生にとって、もっとも〝きわどい（critical）〟時期である生まれた直後の研究が、そう簡単に進むとは思われません。しかし、動物実験の段階では、誕生のときある種の細菌の影響を受けたハツカネズミが、のちにどんな好条件のもとで育てられても、ついに仲間のネズミに追いつけなかったというような、他人事でない事実を聞くにつけ、子どもの教育は、すでに誕生直後から問題にしなくてはならない時期にまで来ていることを痛感するのです。

従来、子どもには潜在能力があって、それを引き出すのが教育だということがいわれてきました。しかし、そうだとすると、人間の能力は、そのすでに潜在するものの発掘の可能性でしかとらえられないことになり、人によって埋蔵量の大小があれば、終生その限界に縛られることになります。どんな子どもも、0歳からの育て方しだいで、驚くほどの能力を発揮するという実例をいやというほど見てきている私にとって、これはとうてい承服できない考え方です。むしろ、人間の能力というものは、そのように、ある鉱脈に一定量埋蔵された力といったものではなく、まったくの白紙状態、無の状態から、新たに開発されていく性質のものではないか、というのが私の考えです。そう考えれば、まだまだ人間の力は〝未開〟の分野であり、もっともっと無限に可能性を伸ばしていけると思うのです。その幅から見れば、個人のあいだにあるかに見える能力の差などは、ちょっとしたきっかけで埋められてしまう些細なものです。

こうしたいくつかの点については、今後の慎重な研究を待たねばならないでしょうが、ぜひとも世の専門家の方々に、この、人類にとってほかの何ものにも換えがたい重要な問題である子どもの教育、とくに0歳からの研究を、精力的に推し進めていただきたいのです。そして、私と等しくこの問題に関心を抱く世のお母さん方も、それを注意深く見守り、この本で私が訴えたことを含めて、ご自分なりにお子さんの教育について考え、工夫してみていただきたいのです。

0歳教育の可能性は無限——解説にかえて

千葉大学名誉教授　多湖　輝

井深さんの少年時代の有名なエピソードの一つに、目覚まし時計や複雑なおもちゃを見ると、手あたりしだいにバラバラに分解してしまった、というものがある。そのため、親戚の家に遊びにいくと、「犬が来たから、時計をしまっておけ」とまでいわれたという。

関心をもったことにはとことん熱中し、その原理や仕組みまで確かめずにはいられない旺盛な好奇心と探究心には、井深さんに接するたびに圧倒される思いをするのだが、それがすでに幼いときから発揮されていたのは、幼児教育という観点から見ても、たいへん興味深いことである。それが井深さんの日本人にはたぐいまれな創造性の源泉になり、世界に先駆けてトランジスタラジオを完成させるなど、ソニーのユニークな技術力を育てたのだろう。

そうした井深さんだから、教育についての考え方もまことにユニークだ。教育の改革案を考えるというと、ふつうの人間はいわゆる学校教育のことを思い浮かべるが、井深さんは、そんな常識のワクにはとらわれなかった。ほんとうの人間教育、その子のもつ可能性を最大限に育てられる時期は、学校教育以前にあると見抜き、最初は三歳までの時期が重要なのだということを強調しておられた。しかし、幼児教育についての研究を深めるにつれ、その主張はどんどん〝過激〟になっていった。三歳どころか、生まれた直後の0歳から始めたほうがいいのだ、いや、生まれるまえの母親の胎内にいるときから、すでに人づくりは始まっている、といった具合である。もちろん、こうした〝井深理論〟の〝進化〟は、大脳生理学や0歳児研究の専門家などが辟易するぐらいとことん質問し、議論した結果にもとづくものだったが、専門家が「いまの研究段階ではそこまではいえない」と従来のワクの中にとどまろうとするのに対して、井深さんはいつもその何歩か先を見ていたようである。

このように、井深さんの幼児教育に対する考え方は、初期の『幼稚園では遅すぎる』以来、本を書くたびに変わっていったようにも見えるのだが、じつはその根底にあるものは一貫して変わっていない。それは、幼児は、繰り返し与えられたものはパターンとして丸ごと記憶してしまうという、大人にはとうていかなわないすぐれた能力をもっている、その能力を生かして、この時期に、思いやりの心やよい人柄、創造性など、学校教育やつめこみ教育などでは育てられない能力を伸ばすことがだいじだという〝哲学〟である。

しかも、心や人間性を育てるというと、それまではきわめて抽象的な、〝いわくいいがたいもの〟としかとらえられていなかったのが、井深さんの幼児教育では、それがきわめて具体的な形となって示される。その姿勢は、『幼稚園では遅すぎる』に次いで書かれた本書でも貫かれている。子育てを真剣に考えるお母さんにとって、これほど参考になる指針はないだろう。

本書で井深さんは、0歳教育のなかでもとくにお母さんの役割に焦点をあてている。0歳教育、幼児教育は、どんなにりっぱな教育者や学者でもけっしてなしえないことである。母親にしかできない重大な事業である以上、おのずとお母さんへの期待も大きくなる。それだけに、なかには耳に痛い指摘もあるかもしれないが、それも、どの子も〝能力〟を伸ばしてりっぱに育ってほしい、という井深さんの熱い思いから出たものである。

しかし、本書を読まれると、むしろ安心して子育てに取り組めるお母さんが多いのではないだろうか。ここで求められている理想の母親像は、本をたくさん読み、多くの知識を身につけたインテリママではなく、ごく自然な、本能的ともいえる愛情を子どもに惜しみなく注ぐ、むかしながらの慈母、つまり〝温かいお母さん〟のイメージに近いのである。

さまざまな育児情報が氾濫するなかで、情報に振りまわされ、子育てに自信を失う母親が多いという。もっとお母さんに自信をもってわが子に向き合ってもらいたい、それが0

歳の無限の可能性を開いてくれるのだ、という井深さんのメッセージをこの本から読み取ってもらいたい。

＊本書の内容についてのお問い合わせや、幼児教育についてもっと詳しくお知りになりたい方は、左記にご連絡ください。

財団法人　ソニー教育財団　幼児開発センター
〒158-0082　東京都世田谷区等々力三ー五ー二
☎〇三ー五七〇七ー五八三八
http://www.sony-ef.or.jp

本書は一九九六年にごま書房より出版された『新版　0歳からの母親作戦』の表記、表現などを一部改訂したものです。

井深 大（いぶか・まさる）
一九〇八年、栃木県に生まれる。早稲田大学理工学部卒業。一九四六年、ソニーの前身である東京通信工業を創立、一九五〇年、同社社長に就任、世界のソニーを育てあげる。一九六八年、財団法人幼児開発協会を設立し、理事長に就任し、幼児教育に情熱を注ぐ。ソニー名誉会長を経てソニーファウンダー。一九八九年、文化功労者。文化勲章、勲一等旭日大綬章受章。著書に『幼稚園では遅すぎる』（小社文庫）、『〇歳――教育の最適時期』『あと半分の教育』（いずれもごま書房）などがある。一九九七年没。

サンマーク文庫
〇歳からの母親作戦

二〇〇〇年十一月一日 初版発行
二〇一七年十月十日 第十六刷発行

著者 井深 大
発行人 植木宣隆
発行所 株式会社 サンマーク出版
東京都新宿区高田馬場二-一六-一一
（電）〇三-五二七二-三一六六

印刷 株式会社暁印刷
製本 村上製本所

ISBN 978-4-7631-8124-4 C0137
ホームページ http://www.sunmark.co.jp